Have no tears

눈물은 없다

의암 류정식 제4시집

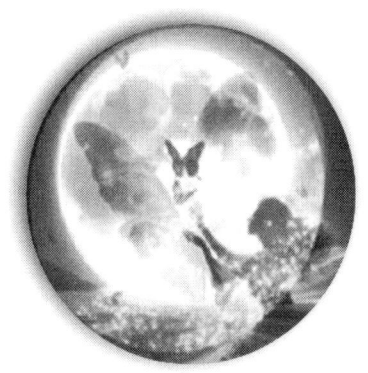

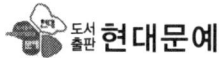
도서출판 현대문예

思唯詩人 儀岩 류정식

Post RYU, Jung Shik

학력 및 경력
* 필명:의암(儀岩) / 시집1,2집 류의암으로 발표
* 전북 고창 출생
* 고대 교육대학원 수료
* MOON & SOLUTION 영어 자문위원
* 동아시아 혁신포럼 지역위원
* 한국언론홍보 관리사
* SNS 블로그 마케팅 전문강사
* 디지털 크리에이터
* (주)빛고을재체크 자산관리사
* 파라원 프랜차이즈 총괄이사
* 파라원 재테크 공인중개사무소
* (주)목포시민신문 사장
* (사)다송전통문화연구원 이사장

문단 경력
* 97년 계간 문학과 비평으로 문단에 등단
* 시맥문학동인 회장 역임
* 아시아서석문학 신인문학상
* 한국문학정신 이달의 작가상
* 한국평화언론대상 문예창작부문 신지식인 선정
* 세종대왕 문학상 등

소속 문학단체
* 한국문인협회 회원
* 광주문인협회 회원
* 광주시인협회 회원
* 미국LA 나성문학 참여회원
* 한국문학정신 참여작가
* 무등문학회 회원
* 현,광주문인협회 이사
* 현,(사)광주시인협회 이사

저서
* 그리움을 안고 떠도는 별(2005)
* 그리움이 물든 내빈자리(2014)
* 틈새(2020), 눈물은 없다(2025) 등

주소: 광주광역시 광산구 첨단과기로91-12
첨단한국아델리움57 102동 203호
연락처: 010-2604-6161
E-mail : justman21@naver.com

* 네이버 블로그/시와 맛집의 만남 https://blog.naver.com/justman21
* 네이버 블로그/광주 수완지구 파라원재테크 https://blog.naver.com/21justman
* 네이버tv/카스맨의 시와맛집 https://tv.naver.com/justman21
* 유튜브/파라원의 열린 세상tv https://www.youtube.com/feed/my_videos

| 시인의 말 |

오늘따라 별들이 유난히 빛난다. 내 마음에 꽂아 넣은 별들이 너무 맑게 반짝인다. 아니 밤하늘 별은 변함없이 언제나 아름다운 빛을 발하고 있었을 것이다. 단지 별 밤이 이토록 반짝이고 있다는 것을 인지하지 못한 채 살아왔을 뿐인지도 모르겠다.

어둠이 드리우면 으레껏 밝은 조명등이 세상을 밝힌다. 언젠가 KBS 2TV에서 네덜란드 공공 예술가 '단 로세하르데'가 추진하는 일명 '별 보기' 프로젝트로 은은하게 빛나는 밤하늘 별을 보았다. 잊혀져 가는 별빛을 되찾자는 의미로 도시 전체의 모든 조명을 점등하고 밤하늘에서 쏟아지는 별을 보면서 온 시민이 감동하며 환희의 순간을 만끽하고 있었다.

주관적일 수도 있지만, 심미적 관점에서 밤하늘 별들은 아름답다. 그동안 소중한 것을 잊고 지내오지는 않았는지, 가장 소중한 것이 무엇인지도 모르고 살지는 않았을까? 가장 소중한 것은 옆에 있는 사람이라는 것을 알지 못한 무지함 속에서 오늘만큼은 그 소중함을 밤하늘 별에서 찾아볼까 한다.

19세기 별이 된 네덜란드 화가 반 고흐가 떠오른다.

그의 작품 〈별이 빛나는 밤에〉는 격렬한 무브먼트가 느껴진다. 고뇌에 찬 울분일까 구원을 얻고자 하는 갈망일까 아니다 자연에서 느껴지는 소중함을 별이라는 매개체를 통해 힘찬 에너지를 얻고자 했을 것이다.

 이렇듯 별을 보고 있노라면 어릴 적 시골에서 그 별과 함께 꿈을 키워왔던 어린 시절이 자꾸 회상된다. 거듭되는 삶에 있어 모든 것이 추억과 함께 살아가는 것이라 하지만 달리 생각하면 나이를 먹었다는 증거다.

 1869년에 출판된 알퐁스 도데의 별 작품은 작가의 고향인 프로방스 지방의 목가적인 생활을 배경으로 별과 인간의 낭만적인 서정을 한 폭의 수채화처럼 그려낸 수작으로 잘 알려져 있다.

 뤼브롱산의 목장에서 홀로 양 떼를 치는 양치기 소년은 주인집 딸 스테파네트가 어느 날 뜻밖에 양식을 싣고 목장에 나타났고 그날은 우연히 소나기로 강물이 불어나 스테파네트는 마을로 돌아갈 수 없게 된다. 무수한 별들이 빛나는 밤하늘을 바라보며 주인공은 스테파네트에게 별에 관련된 아름다운 이야기를 들려주던 중 스테파네트는 그의 어깨에 머리를 기대고 잠이 든다. 그는 밤하늘의 숱한 별 중에서 가장 가냘프고 아련히 빛나는 별이 길을 잃고 자신에게 기대어 쉬는 모습을 지켜보며 밤을 지새운다.' 라는 이야기다.

이 작품은 어느 순박한 목동의 젊은 날의 청순한 사랑을 그린 단편소설이다. 주인집 아가씨를 연모하는 양치기 소년의 마음을 서정성 풍부한 별 이야기를 통하여 아름답게 형상화함으로써 이런 인간의 순수성을 추구한 점이 나의 문학적 동기를 만들어 주었다.

그 후 문학적 소양이 싹을 피우고 시집에 미쳐 있는 동안 시적 감각을 각인시켜준 작품이 바로 윤동주 님의 서시였다. 윤동주 시인의 서시를 음미하려 들자 별을 노래하는 마음으로 별 하나하나가 내 가슴에 안기듯 다가온다. 이제 추억하기엔 가슴이 아려온다. 하지만 아픈 역사 속에서 시대상을 뒤적거리다 보니 있는 그대로 각색하지 않고 현상만을 바라볼 수 있어 좋았다.

별을 노래한 윤동주 민족시인 앞에서 감히 별을 논할 수야 없겠지만 나는 별을 사랑한다. 그리고 야심한 밤, 별을 바라보며 별과 함께 써 내려간 나의 네 번째 시집 『눈물은 없다』을 내놓음에 주저함이 없다.

본 시집에 작품들은 전반적으로 서사적 장시이며 강렬한 이미지를 불러들여 직접화법으로 이념적 사상을 노출시켰다. 1부~6부로 나뉘어진 작품들은 각각 순수 이성에 입각한 목가적 터치를 가미했고 별과 함께 자연 친화적인 서정시를 많이 쓸려고 노력했다.

한편 살아감에 있어 잠시 고통에 몸부림치고 누군가에게 상처를 받아 괴로워 하기도 했지만 가장 큰 아픔은

나 자신을 다스리지 못한 다급함이 온몸을 휘감고 있다는 것이다.

　누구나 사랑에 대한 애증과 갈증으로 인간 본연의 심상을 연모하면서 살아간다. 나는 이번 시집에서 인간애의 진실을 담기 위해 별과 그리움, 기다림 그리고 보고픔을 진솔하게 표현함에 있어 주저함이 없었다.

　늘 시를 쓴다는 것은 나를 내려놓기 위한 영혼과의 교류다. 시어 하나하나마다 생명을 넣을 자신이 없다면 시를 써서는 안 된다. 늦은 밤, 나 자신을 철저히 가두고 심오한 심상에 빠져든다. 감정과 이성이 교감하는 순간 뼈를 깎는 아픔으로 시를 쓰고 지우기를 수백 번씩하며 인고의 시간을 가졌다.

　오늘도 별을 노래하는 마음으로 시상에 매달리려는 내 고집이 어색하지 않기를 바랄 뿐이다.

　　　　　　　　　깊은 밤 첨단 아델리움 서재에서
　　　　　　　　　2025년 7월 30일

| 축 시 |

『눈물은 없다』 상재를 축하하며

이 근 모 시인

문학의 정원에
시인의 꽃 피네

눈물은 없다
새로운 세계의 열쇠

마음 속 깊은 이야기
독자의 가슴에 스며

시인의 미소로
세상을 노래하네

그 노래 속에
너와 나 우리가 있고

기쁨과 아픔 고독과 행복
마음에 녹아

삶의 여정 이정표로
끝없이 빛나네

광주문인협회 회장, 무등문학회 회장/ 도서출판 광주문학 발행인/
시집 '흙의 노래' 등 14집

| 권두시 |

별을 노래하는 마음으로

고요를 덮어쓴 채
허공 속에 묻어둔 별들이
고개를 든다
기억하고 싶은 행간의 어울림
별빛은 줄곧 쏟아질 듯
몸부림치고 있는데

어차피 만날 인연이라면
서로 망설이지 말고
저 높은 우주 끝
은하수 별이 되어
우리의 사랑을 고백하자

사랑할 수 있어 아름다운 세상
너와 내가 있어 행복한 세상

거부할 수 없는 시간과의 약속은
여유 없이 늙어가는 세월을 탓하고
하루를 채우지 못한 허탈함은
바람 끝에 스치는 허욕일진대

별을 노래하는 마음으로
처음부터 그랬듯이
그 마음 그대로
모두가 행복할 그 날까지
모든 것을 사랑하자.

With the heart of singing the stars

Overshadowed by the silence
The stars buried in the air
Raise one's head
The matching to remember between lines
The starlight is going to pour always
It's struggling

If we're relation to meet anyway
Without hesitation each other
The end of the high universe
As the Milky Way star
Let's confess our love

I can love you, beautiful world
A happy world with you and me
The promise of irresistible time is
Blame them for getting old
The frustration that didn't last a day
A empty-mindedness at the end of the wind

With the heart of singing the stars
Just like we did from the beginning
Just like that feeling
Until the day when everyone is happy
Let's love everything.

* Original poet by Ryu, Jung-shik
　Translated by Kim, Yeong-joo
　매탐인37습관학교 대표 김영주

| 차례 |

시인의 말	4
축시	8
권두시	10

제1부
별빛 속에 숨겨둔 사랑

선운사 상사화	22
잡초	23
세상살이	24
별빛	25
나이를 먹는다는 것은	26
고백	27
불혹不惑 40, 시인詩人의 길을 걷다	28
별빛 속에 숨겨둔 사랑	30
붉은 꽃무릇	32
성공의 길	33
바람꽃 그리움	34
눈으로 걷고 마음으로 걸어봐요	35
작은 쉼표	36
자기애自己愛	37

제2부

아들 태몽胎夢 꾸던 날

모란이 피던 날	40
봄비	41
고구마	42
들꽃 속에 숨어 우는 바람	44
눈물은 없다	46
존재, 그 이상의 반란	48
고독한 자의 변명	50
화정동 아이파크에서의 죽음	52
네게 보낸 종이비행기	54
불덩이 홍시	55
아들 태몽胎夢 꾸던 날	58
낮달	60
나눔	62
유혹誘惑	63

제3부

수평선에 걸친 내 심장

낙엽, 떨어지는 그 순간까지	66
웃어도 눈물이 난다	68
손을 뒤집듯 서로 변덕스럽지 않기를	69
지금 일어나라	70
다시 피어나는 사랑	72
떠나가리 기다림도 없이	74
지혜와 용기는 손안에서 피어난다	75
수평선에 걸친 내 심장	76
찻잔	79
장맛비	80
사랑하는 내 이웃	82
버티기	83
그런 삶	84
나의 플랜PLAN	85

제4부
봄비 속에 난 울었다

극락조	88
고향길 · 1	90
고향길 · 2	91
고향길 · 3	92
고향길 · 4	93
봄비 속에 난 울었다	94
풀잎	96
말,말,말	97
겨울비	98
때 늦은 후회	99
포구에 묶인 고깃배	100
당신이 그립고 보고 싶은 건	102
봄비에도 난 울지 않았다	103

제5부
인생무상人生無常

심미적 관점에서의 미움 106
미움 108
빈방 109
지천명知天命 110
사람위에 법法 112
살다보니 114
낯선 길 116
존재, 죽어도 싫은 이유 118
인연의 끝 121
혼돈混沌의 시간 존재存在까지 122
들꽃도 흔들리며 살아간다 125
인생무상人生無常 126
엄마 엄마 울 엄마 128
수레는 돈다 130
바람 속 먼 길 132
내 마음에 들꽃 133

제6부
아주 오래된 빈방

그런 당신	136
아주 오래된 빈방	138
내 이름은 잡초라 하네	140
웃음꽃	142
쉬어가라 했지	143
가을 애상곡哀傷曲·1	144
가을 애상곡哀傷曲·2	145
가을 애상곡哀傷曲·3	146
가을 애상곡哀傷曲·4	147
코로나가 부른 집착	148
인생길	151
성공한 사람	152
지나가리라	154
구시포 해수욕장	155
어느 이주여성의 눈물	156
책 속에서 지혜를 찾아라	159
大星人이여 寧原하라	160
해설/ 문인호	162

제1부

별빛 속에 숨겨둔 사랑
Love hidden in the starlight

시간은 가고
계절은 오는 것
그리움 하나 던져놓고
한없이 울던 밤
잡힐 듯 아른거린
당신의 눈빛

선운사 상사화

어디쯤 오셨나요
봄꽃을 두르고 간 자리,
가신님 마주칠까 싶어
도솔천 허리춤 돌고 돌아
풀숲에 앉아 있네.

밤마다 달그림자 붙들고
숨어 우는 당신이여
보고 싶다는 말도 못 한 채
얼마나 애태우다
꽃이 되려 하는가.

서툰 입맞춤
들켜버린 내 마음
낯설지 않은 두근거림으로
숨겨 둔 마음 간지러워
그냥 들꽃으로 있다가
붉게 타오를래요.

잡초

싫든 좋든
질긴 인연으로 태어나
맨 밑바닥에서 살다 보니
엎어지면 얼른
일어설 수 있어 좋더라.

작심하고 달려든 세상
산다는 건 흔들림의 연속
방황의 끝이 어딘지 모르지만
좁은 땅심이라도 붙들고 있다 보니
아무리 밟히고 뭉겨져도
그 고통쯤이야
스스로 안고 가야 할 길임을…

그 누가 바라봐 주지 않으니
꽃이 될까 걱정 없고
밖으로 던져져 속살이 터져도
모든 걸 내려놓고 살다 보니
탓하며 싸울 일도 없더라.

세상살이

덧없는
인생사人生史
그대만
하오리오만

당신이 그리워
퍼덕이는
이내 맘
가눌 길 없구려

끝없이 낙하落下하는
무심한 인정머리
세월지나 늙거든
사랑했노라 말해주오.

별빛

노을을 품고
건너온 사랑 앞에
애써 침묵하는 당신
항상 떠 있는 별처럼
곱게 빛나던 눈동자가
세상을 품은 노을빛과 마주치면
고요 속 그리움에 허둥댄
수많은 별들이 몰려오겠지.

붙들고 있어야만 보이는 세상
어쩌다 만지면 출렁거릴
따사로운 별빛이 수려한데
붙잡지 못한 아쉬움은
그립고 찬란했던
많은 날들의 회상으로
내가 머물던 자리에는
달콤한 별빛만이 차오르네.

나이를 먹는다는 것은

나이를 먹는다는 것은
지나간 추억은 길어지고
다가올 날들이 짧아진다는 것

하루하루 똑같은 습관으로
정해진 삶을 살다 보니
내일을 예측할 수 있어
시간은 빨리도 흘러가더이다.

이제 낯선 길도 걸어 보고
새로운 사람을 만나
인연도 맺어보고
별도 되고 바람도 되어
느긋하게 살다 보면

세월은 급할 것이 없다는 듯
천천히 흘러가더라.

고백

화사한
꽃망울이 터졌다

내 가슴도
함께 터졌다

모두가
침묵하던 그날

미친 듯
달려들어

뜨겁게 뜨겁게
입술을 만졌다.

불혹不惑 40, 시인詩人의 길을 걷다

20대, 30대
배우고 익힘에 뜻을 두고
청춘이란 열정으로 꿈을 키웠지
곧고 바른 행동을 닮아가며
큰 뜻을 세운 지가 언제이던가

젊음도 청춘도
도전과 희망이 있어 뜨거웠고
맨발로 뛰어오른 성취의 감동은
뜨거운 사랑이 있어 가능했다

젊어서 앞만 보고 뛰다 보니
험한 가시에 찔려 속창이라도 남아날까
시기와 질투로 깊은 상처도 받았고
설움과 미움 사이 혼란으로 힘들었지만
인의예지仁義禮智와 교감하며
욕심을 버릴려고 애썼다.

불혹不惑 40줄 독서의 방향감각은
공자님이 제자들 입담에 오가다
무심한 심판대에 올라서는 황당함도
신곡 단테의 길은 현명했는지
모호한 갈림길에서 오는 신성스러움도
갈피를 잡지 못하고 헤매다가
나는 하나의 현명한 선택만 남겨둔 채
방황은 항상 도사리고 있었나 보다.

하루하루 어디를 향해 가야 하는지
순간 길을 잃고 헤매는 곡예사의
긴장된 두려움처럼
후회와 불안감은 컸었지만
어느 날 포근히 잠든 꿈속에서
베르나르 베르베르의 쥐덫에 걸려
꿈틀대는 뇌파의 현란함으로
실핏줄 하나 건드린 실수가 그만,
시인詩人의 길을 걷게 되었다.

별빛 속에 숨겨둔 사랑

시간은 가고
계절은 오는 것
그리움 하나 던져놓고
한없이 울던 밤

잡힐 듯 아른거린
당신의 눈빛

넘어질 듯 일어서는
순결한 마음

머뭇거리는 밤하늘에
길을 잃고 헤매어도
고독을 삼키듯
별빛 속에 숨겨둔 사랑

작은 꽃잎 위
뒹구는 이슬처럼
춤추며 반짝이는 별들의 향연!
해 뜨면 사라질 저 별들은

무슨 사연을 쓰고 싶어
저리도 빛나는 걸까?

⟨시작노트⟩

하루하루 바쁘게 살다 보니 시간은 빨리도 지나가고 계절은 어느새 내 곁에 와 있더라. 기다리는 사람은 없어도 그리운 사람은 있고 밤하늘은 지쳐가지만 별들은 찬란히 빛나고 있다. 오늘도 쏟아지는 그 별빛 따라 오래도록 기억하고 싶은 나만의 꿈을 찾아 이 한 밤을 새운다.

붉은 꽃무릇

바람에 기대 볼까
보고픔에 기대 볼까
만지면 사라질까 두려워
한 발짝 멀리서만 바라보는
아스라한 사랑이여!

바람에 엉켜 발버둥 치는
간절한 그리움으로
내 몸을 떠나지 못한 망설임으로
붉은 입술 깨물다 터트려
미친 듯 퍼져 나는 선홍 물결
인연의 끈 잇지 못해
천 갈래 만 갈래 실핏줄로 피었는가?

감당하지 못할 엇갈린 사랑아
내 마음 모두 비워 놓고
다시 다가갈 준비가 끝났으니
거센 몸짓으로
가슴 아린 간절한 사랑으로
또 한 번 붉게 피어나봐.

성공의 길

누구나
길이 없으면
길은 만들면 된다고 말하지만
길은 만들어지는 것이 아니라
가던 길 걷다 보면
그 길 끝에
새로운 길이 보이는 것이다.

이 새로운 길은
다시 돌아갈 것을 의심하지 않고
두려움 없이
용기 있는 자만이 갈 수 있는
선택된 길인 것이다.

우리는 바로 이 길을
성공의 길이라 말한다.

바람꽃 그리움

바람꽃 다가와
내 마음 흔드는 그대
순백의 미소
꽃잎에 젖어 들면
들꽃처럼 나부끼는
당신이 보고 싶어요.

바람꽃 피어나
내 마음 울리는 그대
당신께 가고 싶어
잡힐 듯
내 발길 붙들고
보채는 그리움이어라.

눈으로 걷고 마음으로 걸어봐요

무거운 어깨
고단한 길도
마음을 열면
단비에 젖은 포근한 오솔길

들린다
들려 온다
가슴으로 느끼는 시간의 여백
지나고 보니
모든게 행복인 것을

소박한 마음으로
나를 돌아 보면
내가 있을 곳 어디나
편안한 쉼터가 되고

고생도 내 복이다
생각하면
내가 보이고
남이 보이고
또 다른 길이 보이더라.

작은 쉼표

힘들어도
참고 기다리다 보니
참을성이 생기고
부딪히고 넘어지다 보니
사는 게 강해지더라

강하게 살다 보니
어떤 고통이 쑤셔대도
슬퍼하거나 노하지 않고
작은 쉼표 하나
마음속 허공에 띄워두니
아픔도 미움도
한낱 스치는 바람인 듯
속절없이 지나가더이다.

자기애自己愛

탐욕은
만족을 모르고
미움은
용서를 모른다.

세상사
물길 따라
바람 따라
걷다 보면
욕심도 미움도
부질없다는 걸…

일하지 않는
게으름에
속지 말고
꿋꿋이 일어나
자신을 사랑하는
믿음만 있다면
인생 또한 성공이다.

제2부

아들 태몽胎夢 꾸던 날
The day I had my son's birth dream

새벽을 건너 먼동이 틀 무렵

우주에서 날아든 한 줄기 밝은 빛

찬란한 쪽빛 계시 받들어

황홀한 고백이 시작되던 날

모란이 피던 날

맨가슴 풀어헤친
5월의 따스한 햇살
연신 밀어대는 몸부림으로
꽃들의 속살은 여러 번 드러난다

의연한 결심으로 사랑했던 목단
해 뜨면 이슬처럼 사라질까
눈 뜨면 꿈처럼 사라질까
가엾이 피어난 들꽃들은
그리움 두고 간 내 마음 아는지

찔레꽃 아픈 사연
서럽다 울던 당신
생명을 조각하는 손길로
몽글린 설움 달래가며
모란이 피던 그날을 기다리겠지.

봄비

부서질 듯 파고드는
간절한 기다림이었을까
잠시 머물다 간
고독한 시간은 어디로 가고
보고픔에 울먹이던 봄비가
잊혀진 지난날을 부르네요

얼마나 다 했을까
그리움에 젖은 내 마음
바람에 부딪힌 봄꽃 잎이
내 머리 위에 앉아
당신이 맡겨둔 그 길 따라
봄비 맞으며 걷네요.

고구마

엄마 엄마 울 엄마
스치듯 지나가는 애잔한 길소뜸 사연
침묵하며 달려드는 어두운 그림자
굳게 갇혀버린 골방 사이로
이제 그만 돌아가라 애원하지만
무덤덤한 세월 더해 가며
울 엄마 곁을 맴돌고 있구나

"이방 저방 건너기도 힘든데
끼니는 왜 이리도 빠를꼬
엉덩이 뭉게가며 문턱을 넘자
여기저기 삐져나온 냉기는
툇마루에 걸터 앉고
골방에 묵혀둔 고구마가
누런 포대에서 뛰쳐나와
방긋 웃음지며 손에 안긴다."
"있는 듯 없는 듯
허구한 날, 남 보듯 뻔하지만
하루하루 구겨져 가는 너의 거죽도
날 보듯 휑하니 스치며 간다

언제는 내 눈물 몰래 훔쳐 가더니
어느새 이세離世 가는 길 텃던가
고구마 줄기 하나 길게 뻗쳐
창문 뚫고 하늘 높이 오르려거든
내 안부나 좀 업고 가시게나."

들꽃 속에 숨어 우는 바람

그립다 말해요
보고 싶다 말해요
살포시 다가와 미소짓다
건드리면 터질 듯
애닳은 사랑이여

붉은 태양 품고
온 살 비벼대던 바람은
오가기를 여러번
기어이 내 곁에 서고야 만
노을빛 사랑이었나

숨겨둔 사연
풀잎마다 얹어놓고
들꽃 속에 숨어 우는 것은
그대에게 가고 싶은
간절한 그리움이겠지요.

〈시작노트〉

그리움에 몸부림치기 보다는 그리움까지도 그리워하는 인고의 삶을 말하고 싶다.

아프면 아픈 데로 기쁘면 기쁜 대로 희망과 절망을 드러내지 않고 가슴에 조용히 품고 머물며 그리움을 길러내고 있다.

찬란한 빛을 잃고 절정의 빛을 발산하며 사라지는 노을빛을 보았다. 황혼길에 접어든 그리움으로 격정의 젊음을 보내고 돌아와 서 있는 나는 그 어떤 사랑인가?

그리움이, 보고픔이 석양을 건너 기어이 노을빛을 발산한다. 수많은 사연을 담아 풀잎 한 장 이는 바람에도 괴로워하는 결백의 절정을 말하고 싶었다.

곱고 아름다움에도 가슴 속에 응어리진 아픔을 인고하고 처절한 몸부림으로 간절한 그리움만 남긴 채 살아가는 것이 아니던가.

눈물은 없다

가버린 이별이 슬프다
남겨둔 사랑이 슬프다
밤하늘 별들도 슬퍼하지만
아니, 눈물은 없다.

아픔은 상처 난 흔적들로 괴로워하고
슬픔은 때늦은 후회로 울어댄다

별빛으로 채워진 허무한 추억들
들꽃들이 아장거린 오솔길에서
작은 꽃잎마다 이름을 불러주면
어떤 아픔이라도 떠나보낼 수 있을까

떠도는 구름도 산허리 돌 때는
감춰둔 사랑 나눠 주고
무심한 바람도 오던 길 돌아갈 땐
달빛 품은 풀잎과 뒹굴다 가거늘

당신은 어찌 아프다 말도 못 하고
그렇게 먼 길을 떠나셨나요.

〈시작노트〉

  눈물은 없다는 눈물이 너무 많아 강물 되어 흐른다는 역설적 표현이다.
  죽음은 슬픔 그 자체다. 그 슬픔을 타고 흐르는 눈물은 막을 수 없다. 실존적 존재감은 한없이 작은 몸부림으로 푸석거리다 추억만을 거머쥔다. 죽음을 바라보는 자는 이별을 예측하지는 않는다. 갑자기 맞이하는 죽음은 가슴을 애는 통증을 동반하게 돼 산 자와 죽은 자는 영혼을 통해서만이 사랑을 나눌 수 있는 것이다.
  가버린 이별도 남겨둔 사랑도 모두 슬프다. 허망한 하늘을 보고 눈물이 나고 흘러가는 구름에 가슴이 먹먹해진다. 오래도록 함께 하자던
  마지막 별빛으로 채워진 허무한 추억들은 바람깃을 여미며 점점 사라져 가지 않을까.
  2024년 12월 14일 이른 새벽, 아버지께서 운명하셨다.

존재, 그 이상의 반란
– 하소연

꽃은 소리 없이 피어나고
새는 눈물 없이 우는데
하루를 감아 돌던 바람은
그 무엇이 억울했을까

가물거리며 떠돌던
달그림자
서러워 울면
내가 흘린 눈물은
고뇌에 찬 침묵으로
어디 메 숨어 우나요

서럽다 울지마라
부서지는 심장의 고통쯤이야

참고 견딜 줄 알아야
자신을 보게 되고
미움을 걷어내야
다시 사랑할 수 있는
용기가 생기는 것

달빛이 머물던 호숫가
은파의 리듬으로
내 가슴 물안개 피어나면
망설이며 울먹이던
꽃들은 사랑으로 피어나고
새들은 자유로이 훨훨 날겠지.

고독한 자의 변명

사람은 실존이다
실존은 존재를 인정하는 것
어둠 속에 잔잔한 침묵이 흐르고
살고자 하는 자 고요를 건너 외출 한다
간담을 쓸어 담은 탐욕의 정점에서
간악한 자들의 오염된 시간은
심해를 헤집다 달려들고
마침내 고독한 자의 변명이 시작되던 날

살기 위한 몸부림일까
생쥐들의 수염은
대뇌 피질과 연관된 촉감으로
두렵다 못해 처절한 상상력을 끌어들인다
살금살금 노을을 등지고 선 바람의 몸짓
어둠은 그만
멀어져간 망각들을 긁어모은다
새벽을 끼워 넣는 순간
아침은 밤새 부대낀 흔적들로
무거워진 눈꺼풀을 감내하고 있다.

낙엽은 바람을 덮어 쓴 채 오가고
구름은 덤벙대다 훨훨 날아 오른다
밤새워 허공을 가르며 멈춰 선 별빛마저
뜨거운 태양 아래 휴식을 취한다
머리끈으로 옭아맨 땀방울의 진로는
가느다란 목줄을 타고 내려와
타는 목마름을 이겨낼 수 있을지…

끝까지 살고자 했던 약속
낮과 밤을 철저히 구별 짓는 별들의 힘
그 뜨거웠던 태양 아래
몸이 오그라들고 타는 아픔 쯤이야
신비한 우주 속 별들은
억겁의 세월에 부서졌다 깨지기를 수만 번
나를 부둥켜 안고 울기도 수천 번
금빛 물결 수 놓은 밤하늘에
반듯한 바람의 길 열어 놓고
나를 불러들이는 이유는
함께 살기 위한 몸부림이겠지.

화정동 아이파크에서의 죽음

누구의 잘못인가
누가 뺏어 간 생명인가?
39층 아래 외벽 붕괴 사고라니
처참하게 쓰러져 내린 화정아이파크
슬픈 고통이 목젖을 타고 올라
심장 깊숙이 파고든다.

살아온 세월이 서럽다.
그간 쌓아 올린 세상 모든 것도
허무하게 무너져 내렸다.
그 높은 고층에 하늘은 없었고
땅은 고인 물을 쓸어 담고 있다.

울분을 토하다 목줄이 끊겼다
상처난 흔적 무심히 덮을 수 있을까?
차갑게 굳어 버린 핏줄을 녹일 수나 있을까?
굶주린 애벌레가 내 영혼을 갉아먹고
후각을 잃어버린 구조견은 헐떡이고 있다.

하루 이틀 일주일 이주일…
지금까지 울지 말라고
나를 다그친 적이 없었는데
산자의 부담을 조금이라도 덜 수 있다면
북받치는 가슴을 쥐어짜서라도 울고 싶다.
콘크리트 더미에 짓눌린 감정을
엿가락처럼 휜 철근 가지로 터트려
타워 크레인에 매달린 채 통곡하고 싶다.

이제는 멈춰야 할 사고의 현장
뜨거운 눈물이 식기 전
내일의 무게감을 조금은 덜 수 있도록
무거운 원망과 영혼의 덮개를 벗겨
제~발
바람 찬 공중에 훨훨 날려 주오.

네게 보낸 종이비행기

쏟아질 듯
반짝이는 과분한 사랑
꿈속에서 보았을까
스쳐 간 별빛의 환희

보고픔을 전하고 싶은
간절한 외침
기억해야만 보이는
추억의 작은 조각들

그래 그래
내 맘은 뜨거운 은하수
더 높은 곳을 향해
꿈을 품고 날아가는
파란 종이비행기.

불덩이 홍시

생명이 꿈틀대는 상념의 땅
황야를 건너온 철새들의 함성
가든 오든 발길 닿는 온갖 것들
잠시 허공 속에 잠들면
고즈넉한 산사에 어둠이 내려와
침묵을 깨고 덤벼드는 풍경소리만이

내 심장을 후비며
쫓기듯 달려드는 별빛 몇 개
처연한 홍시에 매달려 운다
그사이 홀연히 떠돌던 달그림자
외롭다 슬피 울며
중생들의 발길을 붙잡는데…

아아~서럽다
울고 울어야 버틸 수 있을까
구름은 바람을 거슬리지 못해 떠돌고
별들은 두려울 게 없어 내 몸을 태우지만
이판사판들은 참회의 발우공양 치켜들고
마음 하나 뺏지 못한 채 발버둥 치고 있구나.

끝도 시작도 없이 보채는 텅 빈 가슴
모든 걸 삼킬 듯 달려드는 붉은 노을
기어이 담고 채워야 할
욕망의 시간은 가고
뜨거운 불길 속
몸을 던져 재가 되려는 순간
속세를 벗어난 인연으로
다시 만나자 하네.

이제 삼키고 사라진 열반의 세상
부끄럽지 않게 버티는 홍시 하나
남은 건 멈춰선 생명의 아미타불
어찌할 거나 빨간 입술 터트린 홍시는 어찌하리
자승스님의 열반송이 얇게 깔려 들어 온다
 생사가 없다 하나 생사 없는 곳이 없구나
더 이상 구할 것이 없으니 인연 또한 사라지는구나
당신의 *소신공양 빨갛게 달궈진 불덩이를 보았네
고요 속 산사 덩달아 몸을 태우지만

어찌 불덩이가 된 홍시만 홀로 남겨둔 채
모두 떠나려 하는가.

* **소신공양**(燒身供養)은 부처에게 공양하기 위해 자신의 몸을 불사르는 것. 《묘법연화경》 〈약왕보살본사품〉에 약왕보살이 향유를 몸에 바르고 월정명덕불(日月淨明德佛) 앞에서 보의(寶衣)를 걸친 뒤 신통력의 염원을 가지고 스스로 자기 몸을 불살랐다 한다.

아들 태몽胎夢 꾸던 날

청춘의 영적 신호음
대지를 파고드는 열정
어둠과 두려움을 걷어 내고
심장의 질긴 인연이 뛴다.

꿈길 속 내면의 세상
감정과 욕망의 교감은
벅찬 가슴을 풀어헤치고
뜨겁게 달군 별들을 품는다.

새벽 건너 먼동이 틀 무렵
우주에서 날아든 한 줄기 밝은 빛
찬란한 쪽빛 계시 받들어
황홀한 고백이 시작되던 날,

낯가린 기운이 너울너울 춤추고
군옥산* 학鶴, 지천을 흔들더니

운명처럼 소유했던 우렁찬 울음소리
하늘에 바람꽃 흩날리며 내게로 왔다.

* **군옥산**(群玉山)
서왕모(西王母)가 살았다는 중국 전설에 나오는 산. 옥돌이 많이 난다고 한다. 참고로 아들 이름을 연민(然珉 그러할연, 옥돌민)으로 지었답니다.

낮달

웬 호들갑
나를 찾아봐
눈 감고 찾아야 보일 걸
캄캄해지면 또 금방 보이겠지만
아유 눈부셔
날카로운 내 눈빛에 나도 놀라
안 보이는 것이 없이 다 보이거든
가는 곳 어디 든
여유 부리며
항상 너를 지켜보고 있으니
깜짝 놀라지도
숨지도 마

니가 뭘 하고 있는지
난 다 봤어
너의 속마음까지도
다 알고 있으니까
욕심부리다 들켜버린 토끼 눈처럼
바들거리는 그 눈빛만은 보기 싫어

바보야 또 숨으려고?
아무도 모르게 별이 되어 오려거든
뜨겁게 달궈진 노을 끝에나 숨어 있어
숨을 헐떡이며 욕심이 녹아들면
맑은 눈망울로 떠지겠지

누굴 탓하며 눈물짓더래도
너의 마지막 진실 만큼은
제발 버리지 말아줘.

나눔

준다는 건
무아의 헌신
나누고 베풀다 보면
꽃은 향기요
바람은 자유다

가진게 없어도
있는 듯 없는 듯
애써 욕심부리지 않고
아낌 없이 나누다 보니
웃을 날이 더 많아 좋더라

나눔은 나눌수록 커져
사랑이 되고 행복이 되는 것
바람에 기댄 따스한 숨결
항상 서로 만나 사랑하고픈
포근한 세상 아닐는지요.

유혹誘惑

두려울 것 없는

낭떨어지 끝자락,

온몸으로 퍼지는

이 짜릿한 기분 어찌할거나?

감히 범접할 수 없는 아찔한 벼랑 끝 소나무

간드러진 자태에 홀딱 반해

힘껏 붙잡고

겁 없이 흔들어봐

이미 굳어버린 몸뚱어리

아마 꼼짝도 안 할걸….

제3부

수평선에 걸친 내 심장
My heart on the horizon

굴곡진 해협을 건너온 안개는
서로의 간격을 좁히지 못하고
새벽을 벗어나고 있는데
조금씩 멀어져 가는 흐릿한 시야는
잡힐 듯 보채는 아우성으로
파도에 몸을 싣고 떠돈다

낙엽, 떨어지는 그 순간까지

간다고 가면 눈물은 없나
못 본 척 돌아서면 잊혀지나
보낼 수 있을 때 보내 주는 것,
붙잡고 싶은 간절함이 있어도
계절 바람 붙들고 한참을 울어도
어차피 가야 할 길이라면
홀연히 옷을 벗고 떠나는 것.

오늘만큼은
당신이 보내 준
그 찬란했던 별들을 붙들고
애원이라도 해보고 싶지만
가뿐히 낙화하는 낙엽처럼
바람 부는 대로
마음 가는 대로
온몸을 흔들어 털어내야
직성이 풀릴 것 같아

다시 태어나기 위한 발버둥으로
너는 너대로

나는 나대로
가는 길이 다르다고 말하고 싶겠지만
내일을 위해 이 한 몸 던졌으니
우리 생애 최고의 행복은
지금, 떨어지고 있는
이 순간으로 남는 것 아니겠어.

웃어도 눈물이 난다

눈감으면 잊혀지나
돌아서면 지울수 있나
바람끝을 붙들고 애원해도
빈 가슴 틀어잡고 애타게 불러봐도
내 시린 어깨 감고 도는
상처난 흔적들을
어찌 할거나

이제와서
그립다던 그 많은 별빛도
외로움에 눈물되어 흐르고
지난날 애써 감춰둔 사연마져
희미하게 흐려져 가는구나

웃음을 던져 놓고
사랑한다 보고싶다 말하고 싶지만,
익숙했던 그 말조차 할 수 없으니
쓸쓸히 기우는 술잔 앞에 앉아
하염없이 눈물만 흐르네요.

손을 뒤집듯 서로 변덕스럽지 않기를

손을 뒤집듯
서로 변덕스럽지 않기를,

겸손하게 내민 손
아름다운 세상 이루고
따스하게 내민 손
기도하고 인사도 하지요.

내게 온 인연도
바람이 두고 간 사랑 앞에
두리번거리다 스친 손길로
서로 잡으면 큰 힘이 되고
서로 밀치면 눈물이 되지요.

힘들 때마다 내민 손
부끄럽지 않게 잡아주고
슬플 때 두 손 잡아
내 심장까지
따스하게 안아 준 당신,

그토록 간절했던 우리의 사랑도
이 손끝의 온기로 시작되어
오늘을 사랑하지 않았나요.

지금 일어나라

세상 어디든 못 가리
늦은 자존감에 상처쯤이야,
앞으로 가든 뒤로 가든
엎어지고 쓰러져도
다시 일어설 수만 있다면
세상 끝 어디라도 못 가겠는가

아픔 없이 걷는 길이 어디 있으랴
밋밋하게 걷는 길에는 쉴 곳이 없고
고통 없이 걷는 길은 고행이 아니듯
언제나 선택 앞에서 방황할지라도
산티아고를 걷는 순례쯤이야
내겐 포기는 없다
어떤 변화도 두려워하지 않기에

"Trust yourself, you got this!"
너를 믿어봐, 넌 할 수 있어
아무것도 하지 않으면
아무 일도 일어나지 않듯
이러지도 저러지도 못하는

망설임만 버린다면
못할 것 아무것도 없으니
두 손을 불끈 쥐고
지금 일어나라.

다시 피어나는 사랑

사랑한다 말해요
보고 싶다 말해요
맑은 숲 호숫가
처연한 물안개 피어나면
풀잎 사이 아롱진 이슬방울
새벽달 보듬고 숨어 울겠지

바람이 훑고 간 거리마다
쓸쓸히 고개 숙인 당신의 뒷모습
당신을 사랑한 죄로 여기까지 왔는데
가슴에 새긴 그리움은 어찌하라고
당신과의 그 인연을
떠나보내라 하시나요

아직 못다 한 사랑
허공 속에 날려 보내면
헤어지기 싫은 인연으로
또 다른 사랑은 없을테니까
외롭다 슬퍼 말아요
서럽다 울지 말아요

이제 계절 앞에 서 있는 당신은
따스한 손길 저미는 사랑으로
낮에는 꽃이 되고
밤에는 별이 되어
지난날 그리워하며
우리 다시 만나자 하시겠지요.

떠나가리 기다림도 없이

떠나가리 기다림도 없이
사랑을 사랑한다 말 못 한 후회로
이별이 이별인 줄 모른 이유로
사라졌다 떠오르는 상념의 시간
정해진 시간 앞에 내 것이 없어도
그리움 넘어 아련히 떠오르는
지난날의 추억들만은
온전히 내 것이구나

그때 그날의 은행나무 언덕
바람 앞에 쓰러졌다 일어서는
가을 새는 왜 그리 슬피 우는지
별들은 고요에 덮여
모든 걸 잊어달라 애원하고
별빛 채워 달려드는 그리움은
쓸쓸한 바람의 뒷모습만 바라보다
말없이 떠나가는구나.

지혜와 용기는 손안에서 피어난다

지혜로운 사람은
항상 손을 밑으로 내려
겸손해하고
어리석은 사람은
손을 높이 치켜세워
자만에 빠진다

누군가는 좋은 습관으로
하루를 시작하고
누군가는 못된 버릇으로
지난 일을 후회하며 산다

한겨울 찬 서리 시린 손도
입김을 불어 넣어 주면
따스한 온기 스며들어
마음까지 데워 주고
당신이 그토록 찾던
지혜와 용기는
그 손안에서 피어난다.

수평선에 걸친 내 심장

영원히 변하지 않을 진실로
심장 깊숙이 뜨거운 태양을 품었지만
못된 습관과 한순간의 착각,
보란듯 뿌연 망막에 갇혀
온 마음을 덮어버린 파고의 엇갈림

굴곡진 해협을 건너온 안개는
서로의 간격을 좁히지 못하고
새벽을 벗어나고 있는데
조금씩 멀어져 가는 흐릿한 시야는
잡힐 듯 보채는 아우성으로
파도에 몸을 싣고 떠돈다.

보이지는 않지만
강렬한 태양을 떠 받들고
묵상하듯 달려드는 허공이여!
금새라도 손이 닿을 듯
근엄하게 행간의 줄을 긋고
덤덤한 자태로 서 있는 너는
건들면 톡 하고 터질까

만지면 출렁일까
순간, 겁 없이 차고 들어서면
심해를 사냥하는 마녀들의 함성이 들린다
엄청난 생명체의 꿈틀거림을 아는지
파란 도포를 둘러 묵묵히 덮고는 있지만
자지러질 듯 붉게 타는 노을은
이미 수평선 너머로 빨려들고 있었다.

도도하게 해를 삼켜버린 너
넘어서는 안 될 지나친 경계선에 서 있구나
이글거리는 그 선만 넘으면
다시는 돌아올 수 없다는 걸 알면서
침묵으로 달궈진 몸뚱아리를
잔잔한 파도에 거듭 쑤셔 넣고 있었구나.

만남과 만남의 극적인 한계일까
다시는 못볼지도 모른다는 망설임으로
다시 볼 수 있다는 조바심으로
그 수평선에 올라서는 순간,

세상은 주저하지 않고 힘과 용기를 준다
영혼을 탐하는 귀신도
인간을 지키기 위해 질서를 가지고 있다
끈질기게 거만한 자태를 뽐낸 수평선도
쓸쓸히 회항하는 고깃배에 동승 해 있지만
이글거리는 태양 아래
돌고 돌아 흩어졌다 돌아오는
내일의 은빛 물결을 결코 잊지 않는다.

찻잔

차독은 그늘이여
채워야 하고
찻잔은 과하면
넘치는 법
비워야 채울 수 있지.

가진 듯 부족해
욕심이 넘쳐나도
부족 한 듯
마시는 차茶 한 잔

찻잔에
색향미(色香味) 두르니
나눔과 정(情)이 들고
당신을 포개두니
여유가 생겨 좋더라.

장맛비

밤새 지축을 뒤흔든 노여움이 일었다
죽은 자가 흘린 눈물
강들이 쓸어 담았다

하얀 서릿발, 터져버린 입술
모든 걸 삼켜버릴 듯 쑤셔대는 고통에
흔들리면 사라지고 누우면 죽는다

빗발치는 어둠 속에 내몰려도
차가운 세상 밖으로 던져 저도
오욕의 세월 빗물로 씻어내
부끄럽지 않게, 나 하나 믿고
꿋꿋이 살아온 이 세상!

내 가슴을 후벼 파듯 찢기던 빗줄기는
태풍의 눈을 피해 잠시 쓰러진다
멈춤의 시간, 변명할 틈도 없이
거친 농담에 또 한 번 휘둘리고
무너져가는 강둑 위를 조용히 걷는다

이제 황야에 갇힌 먹구름 걷히면

내 가슴 깊이 묻어둔
뜨거운 태양은 떠오르겠지
끝까지 버텨야 살아남을 수 있는 것,
가장 멋지게 살아가는 것은
힘듦을 극복해 가는 것이 아니라
포기하지 않고 우뚝 일어서는 것임을
나도 알고 너도 안다.

〈시작노트〉

땅이 젖어야 생명이 살고,
그 살아있는 생명으로 우리도 산다.
사람도 젖어야 하고 소리친다.
그렇게 아우성치던 장맛비에
젖은 땅에서 생명이 움트고 젖은 나무에서 새로운 생명을 잉태한다.
젖어 있는 사람의 가슴에서 향기가 돋고 사랑이 꽃핀다.
우리의 가슴은 늘 젖어 있어야 한다.
그래야 살아있는 삶이 된다.
그 삶이 바로 아름다운 거다.
인간의 존엄성을 처절히 외치는 화자의 시어에서
장엄함과 삶의 경외감이 느껴진다.
화자의 외로운 싸움은 생명의 탄생에 경외감을 느끼게 하며
삶에 대한 처절한 사투를 암시한다.

사랑하는 내 이웃

작은 미소 모여
기쁨이 되고
기쁨이 모여
행복이 되네

아침 햇살에 바람꽃
창가를 두드리면
별 밤에 머물던 사랑
내게 안기고

내 손 먼저 내밀어
이웃 사랑 피어나니
따스한 정 오고 가는
여기는 아델 동산.

버티기

깨지고 부서져봐
어디 누가 얼마나 견디는지
무릎 꿇고 기어서라도
절대 물러서면 안 돼
끝까지 맞서 싸우는 거야

아슬아슬 벼랑 끝에 매달려
살아가는 소나무의 외침도
돌아볼 틈도 없이 쫓기듯 살아가고
겁 없이 달려드는 바람도
큰 바위와 맞서서 기를 쓰며 살아가듯

살을 에는 아픔이
감당할 수 없는 슬픔이
아무리 힘들게 몰아쳐도
살고자 하는 자
몸속의 뜨거운 열정으로
지금 우리는
꼿꼿이 버티며
일어서는 것이다.

그런 삶

보고 싶을 때
보고 싶은 사람을
만난다는 것.

다정한 사람을 만나
예쁜 이야기를
나눈다는 것.

오늘은 추억이 되고
내일은 기대가 되는
그런 삶이 되고 싶다.

나의 플랜PLAN

성공을 꿈꾸는 자는
미래에 대한 계획이 있다.
목표한 꿈에 다가서기 위해
잘못된 습관과 게으름을 버리고
미래에 대한 철저한 계획을 세워야 한다.
계획은 내가 할 수 있을 만큼만 세우는 것
힘에 벅찬 계획은 안 세운것만 못하리
무분별한 계획은 실천할 수 없으니 모든 것이 허사다.
무엇을 위한 계획을 세웠는지
또 무슨 계획을 세웠는지 모르고
자기가 세운 계획을 찾다가 자기모순에 빠지게
되면 안된다.
반드시, 나의 플랜(PLAN)은
개인적인 독창성(personal originality)을
가지고 세워져야 한다.
평소 자신의 습성과 성향이 무엇인지를 알고
자신에 맞는 소신 있는 플랜이 이루어져야
한다는 것이다.

제4부

봄비 속에 난 울었다
I cried in the spring rain

온종일 울먹이는 이 빗속을
젖은 발로 걷고 있는 당신은
기어이
서러운 눈물을 참지 못하고
봄비와 함께 쏟아지고 있군요

극락조

하늘을 훨훨 날아
천국으로 가는 길이 어디메냐
가슴이 터질 듯 타오르는 정열
하늘과 땅을 내 몸으로 엮어
사랑을 위해 멋을 부린 당신 앞에
극락조가 아침을 깨운다

누구의 욕심일까
고운 깃털 빼앗긴 설움으로
천상을 오고 가는 불사조지만
다리가 잘려나간 아픔도 모르고
화려한 외출이 있던 날
곱게 다듬어 온 내 치장은
어김없이 탐욕의 대상이 되고 말았지

짧게 부숴 놓은 숱한 시간
미지의 세상에서 들켜버린 안타까움
환상을 뒤집어쓴 당신은

오색찬연한 날개옷 두르고
바람도 머뭇거리던
울창한 숲 헤치다가
사뿐히 내게로 왔지

오늘따라 애써 보고 싶다
화려하게 꾸며놓은 뜨락
당신을 초대할 준비는 끝났고
영험한 목소리가 모두의 가슴에 스민다
당신의 행복이 나의 기쁨이듯
희망이 곱게 퍼져 나갈 그 날을 위해
행운을 가득 품은 극락조는
파라원*에서 아름다운 꽃을 피우고 있었다.

* **파라원** : 광주광역시 광산구 수완동 958에 위치한 저의 사무실

고향길·1

아무도 감당 못할 그 놈의 뙤약볕
머물다간 자리마다 달궈진 신장로
헉헉대며 달려드는 소달구지 있었지

수숫대 꺽어 밀고 굴렁쇠 굴리던 그때
초가집 사릿문 사이로 멍멍이 지저대면
시골집 굴뚝마다 인정이 피어났지

어디를 간들 내 고향만 하오리
그리움 간절해 고향길 들어서도
추억을 더듬기엔 세월이 야속하구나.

고향길·2

허기짐 달래려고
우물가 맴돌던 시절
산딸기 숲속 숨어들면
지저귀다 지친
새들의 눈물
누가 닦아 주었나

굶주린 한걸음
수박 서리 무 서리
겁 없이 쫓는자 무섭지만
휘영청 밝은 달
배추포기 춤추면
밭 도둑도 가볍더라.

고향길·3

뭉게구름 떠다니는
내 고향 푸른 산천
버들피리 필릴리
첨벙대는 아이들 웃음소리

살구향 익어가는
노을 길 따라 걷다 보면
허공 속에 숨겨둔 내 마음
반짝이는 별이 되지

고요에 젖은 밤하늘
별들의 속삭임
고무신 사러 간
누님은 언제 오시려나.

고향길·4

학교 갔다 오는 길
동구밖 백구는 보이지 않고
번지르르한 개장수의 미소만이
눈깔사탕 건네며
서울 가면 돈 번다는
엿장수 말에
뒤도 보지 않고
떠난 그때가 언제던가

예나 지금이나 가는 길은 매한가지
세월이 갉아먹은 흔적들로
낯설기만 한데,
궂은 비 비켜 세운 흐릿한 창가로
딱지 숨겨둔 초가는
아련한 추억만이
석양을 흔들어 애원하면
그 시절로 돌아갈 수 있을까.

봄비 속에 난 울었다

대지를 들썩이며
털고 일어서려는 몸부림
바람이 두고 간 텅빈 거리마다
봄은 기다린자의 설렘으로
서글픈 외로움이 가소로워
봄비가 내립니다

화사한 꽃들은 어김없이 찾아와
우리를 반기는데
가야 할 인생길은 힘겹기만 하고
같이 살자 애원하던 꽃비는
궂은비에 젖어 서러운지
지난날만 보듬고 웁니다

추억을 머금은 수 많은 시간
당신과 함께했던 길 위로
살랑살랑 꽃비가 내리더니
오늘따라 구슬피
아버지 어깨에 봄비가 내리는군요

한번 가면 다시는 올 리 없겠지
이별 뒤 숨어버릴 당신의 사랑은

어찌 감당해야 할지.
좀처럼 가시지 않는 조바심은
얼마나 더 아파해야 지울 수 있을까

이미 무너져 버린 시간
되돌릴 수 없는 허탈함
자신을 잃어가는 상실감과
뼈마디와 근력은 모든 걸 포기하고
손발에 온기도 점점 식어가는데,

창가를 비집고
추적이며 달려드는
빗소리가 야속하구나
온종일 울먹이는 이 빗속을
젖은 발로 걷고 있는 당신은
기어이
서러운 눈물은 참지 못하고
봄비와 함께 쏟아지고 있군요.

〈시작노트〉

2024년 3월 26일 아버지께서 쓰러지셔 병원에 입원하셨다.

풀잎

달빛에 젖어 볼까
바람에 기대 볼까
숲 향 가득 아침이 걸어오면
초록을 풀어헤친 상큼함
간질간질 내게로 오네.

만나자고 약속한 것도
같이 살자고
애원한 것도 아닌데
마주치는 그 눈빛만은
그저 지나칠 인연은 아닌 듯

이슬이 뒹굴고 간 빈자리
멈춰 선 고백의 시간
바람이 뒤돌아서 아장거릴 때
달빛이 내려와 그대를 부르면
나도 풀잎 되어 사랑할래요.

말, 말, 말

말은 많아지면 실수하게 되고
말과 행동이 다르면 신뢰를 잃지
말은 하는 것보다
듣는 것이 더 중요해
말은 할수록 진부해지지만
듣는 것은 들을수록 깊어진다.

말은 잘하는 것보다
깊이 생각하며
잘 말하는 것이 더 좋아
언제나 잘 말하는 말에는
깊은 의미와 의도가 있다.

어리석은 사람은
그 말의 소리만 듣고
단순한 사람은
그 말에 의미만 알지만
현명한 사람은
숨겨둔 또 다른
그 말의 의도를 찾는다.

겨울비

그대 떠나보내고
별빛마저 멈춰선 거리
외로움을 털어낸 빈 가지마다
알알이 맺힌 눈물 보았는가?
덮으면 안쓰럽고
녹아들면 서러울까 봐
눈이 되지 못한 애달픔으로
겨울비가 내리네.

찬비에 슬프다 서러워
너의 아픔이 나의 아픔이듯
서로를 피해 부딪히는 겨울비는
버릴 수 없는 미련 때문일까?
어울리지 않는 옷을 입은
어설픔으로
사랑한다고 말하고 싶어
눈물 되어 흐르네.

때 늦은 후회

가까이 있어서
내곁에 있어서
내 것인 줄만 알고
소중함을 알지 못했네

만남도 기다림이요
헤어짐도 기다림이다
못된 습관에 익숙해져
기다릴 줄 모르고 급해지니
조바심이 생기더라

떠난 뒤 후회하고
기다리면 기다릴수록
긴장된 침묵은 계속되는 것,
죄책감에 사로잡힌 분노는
어디서부터 쏟아질지 모르는데
한숨 섞인 미소 하나 던져놓고
당신이 돌아올 거라
믿는 착각은
소중함을 몰랐던 어리석음이겠지요.

포구에 묶인 고깃배

더 이상 물러 설 곳이 없다
더 이상 기다릴 수만도 없다

고장난 시계추처럼
삐걱거리며 부대끼는 출렁다리
꽁꽁 밧줄에 묶여 옴싹달싹도 못하고
누런 이빨을 드르득 갈고 있는 황소 떼처럼
먹이를 찾듯 안간힘을 쓴다.

무섭게 파고드는 두려움을 건너
거친 파도를 헤쳐나갈
자존심의 깃발이 펄럭이면
어떤 위기나 절망이 밀고 와도
끝까지 일어서려는 몸부림으로 버티는 것
내 간절함이 통하지 않는다고
가면 쓴 폭풍우에 무릎 꿇고
풀 뜯어 먹는 시늉이 기우인 양
결코 물러서서는 안 되지!
포기는 쇠말뚝을 두둔할 테니까

펄렁이는 깃발의 아우성이 들린다
날렵한 빗줄기에 녹아든 비린내는

얼마나 아프고 아파해야
또 얼마나 몸을 꼬고 비틀어야
고삐 풀린 망아지처럼
이 사슬에서 벗어날 수 있을까
포세이돈의 명령을 거역한 죄로
출항은 점점 더 멀어져 가는데
배불리 먹자고 약속한 고깃배는
과연,
가슴 깊이 박힌 비수를 뽑아낼 수 있을까?

눈을 부릅뜬 갯바람 뻘게들까지
통한의 심정으로 외친다
이노센트! 이노센트!
목이 터지라 외치고 또 외친다
철창 속에 갇혔던 그 외침이
해무에 잠긴 외딴 섬의
질퍽한 갯벌조차 넘지 못할지라도

우리는 지금 당장,
출항을 준비할 것이다.

당신이 그립고 보고 싶은 건

당신이
내 곁에 있어도
그립고
보고 싶은 건
진실 하나 붙들고
영원히 사랑할 자신이 있기
때문입니다.

당신이
내 곁에 있어도
언제나 변함없이
사랑할 수 있는 건
나를 바라보는 눈빛이 아름다워
한평생 함께 걸어갈 수 있다는
믿음 때문입니다.

봄비에도 난 울지 않았다

지루했던 이 밤이
무료하게 끝나지 않기를
기다리다 지친 시간은 가고
그리움에 울던 사람은
내게로 오라

따스한 햇살을 먹고 피는 꽃은
바람에 흔들려도 향기로 남는 것
봄비에 젖은 서러운 눈물은
그저 허탈하게 웃음 짓다
마지막 술잔에 부딪히는데

사랑한다, 보고싶다
뻔한 대답이 듣고 싶어
젖은 어깨 두드리며
꽃비 되어 내리는 봄비여!

제5부

인생무상 人生無常
Futility of life

나도 내 마음 몰라 아프나니
내 마음 다 가져가려 하지 마
내 모든 것 알아버리면
난들 부끄러워 어찌 살겠는가

심미적 관점에서의 미움

〈들어서기〉

 모두가 잠든 야심한 밤,

 불면의 시간 속 잡 생각이 들어온다.

 어두운 심해를 헤집다 해파리 촉수에 물린 상처가 아프다. 긴 터널 속 거푸집 틈새에 끼인 동물의 발자국 소리가 아련하다.

 허상이 불러온 잡념일진대 나를 찾지 못한 괴로움으로 잔인한 시간이 흐른다. 인간의 사고 작용은 자유 영역 속에 존재하며 아무 때나 살아 움직인다.

 너는 내 앞에서 착해져야 하고 내 지시만 따르면서 복종해야 한다. 이런 논리로 강요당한 시간은 화두를 꺼내 들고 멘탈을 저격한다. 곧 무너진다. 그리고 탄생한다. 이렇게 강요된 소유와 집착은 한 인간을 나쁜 놈으로 만들고 짓밟기 시작한다.

 변명할 기회도 없이 철저히 무시당한 자존심은 회복될 기미가 보이질 않는다.

 당신은 악마의 웃음소리 라는 줄무늬하이에나의 울음소리를 들어봤는가. 썩은 고기만을 찾아 나서는 이유는 새끼를 지키기 위한 몸부림일까.

 천적으로부터 새끼를 보호하기 위해 끝까지 업어 키우려는 거미들의 활극은 멈출 수 없듯 우리는 끊임없이 감시와 보호 속에 노출돼 있다는 게 현실이다.

 세상에 홀로 남겨진 미세한 감각이 부르르 떤다.

그리고 맑은 공기가 새벽 창을 열고 들어온다.
내가 판단하고 결정할 순간 두려움이 우뚝 서 있다.
탐욕인가 무서움인가?
아무런 단서도 없이 미움이 덮친 것이다.
사랑보다 무서운 미움이….

미움

혼돈의 시간
사랑보다 무서운 게
미움이더냐
욕심이 많아
미움이 생기더라

초라한 내 모습
이제 와 생각하니
내 속을 태우는 건
미움이었네

얼마나 참아내고
얼마나 견뎌내야
나를 찾을 수 있을까
내가 나를 외면하고
싫어지면 어쩌나?

〈뒷이야기〉
 참고 견디는 것은 나 자신만이 할 수 있는 유일한 방법이다. 지혜를 모아 안정된 벨런스를 유지하고 미움에서 벗어나 나에게로 떠나는 여행을 시작하라. 차분하게 자신을 돌아보고 나를 찾는다는 것.
 산다는 건 진실이다. 생각이 많아 두려움이 생기고 욕심이 많아 미움이 생기니 아무 말 없이 걷자.
 그러면 마음에 여유가 생기고 생활에 미적인 정취와 함께 평온한 아름다움이 내게 안길 것이다.

빈방

별빛이 따갑도록
텅 빈 거리를 걸었지
당신이 보내 준 하루를
다 쓰지 못한 허탈함은
내가 찾던 그 빈방의
주인은 아니다

쓸고 닦지 않아도
욕심을 채우지 않아도
미워하거나 싫어하지 않고
피로에 지친 하루도
갈 곳 없는 방황의 끝도
편히 쉬어가라
늘 비워두는 당신 있어 좋다.

지천명知天命

젊음도 있었다
청춘도 있었다
후회 없이 살아온 지난날들
어쩌면 비겁하다 욕해도
세월은 간다기에 그냥 보내 주었을 뿐
찬찬히 붙들고 나를 바라보니
어느덧 하늘의 뜻을 안다는
지천명知天命이 되었구나

비록 초로初老의 길이지만
어떤 유혹이나 흔들림에도
정신이 약해져 미혹할 때도
바른길 하나 올곧이 가야 했기에
덥석 주저앉아 손을 놓고
나를 둘러싼 모든 것들을
포기할 수는 없었지

오늘도 억겁億劫의 시간을 간직한 채
하늘은 늘 영롱한 빛을 발하며 살아가고
구름은 바람 되어 훨훨 날아오르는데
내 영혼은 소진된 운명運命까지 꺼내
새들과 함께 춤추고 노래하며
무아의 황홀경에 들어섰지.

하늘이시여
내게 주신 명령은 무엇인가요
자신을 돌아보라 하시나요
욕심慾心을 버리고
남을 배려配慮하며 살라 하시나요
한걸음 더 나아가
이웃을 사랑하며
뜨거운 가슴으로 감동하라 하시나요

아뿔싸 아직도 젊음이요 청춘이라네
육십 줄 이순耳順 되어
내 귀가 순해지거든
그때 가서 당신 이야기 또 들려주소서.

***지천명**知天命

  하늘의 명을 알았다는 뜻으로, 나이 50세를 비유적으로 이르는 말이다. 《논어(論語)》〈위정편(爲政篇)〉에 나온다. 공자(孔子)가 나이 쉰에 천명(天命), 곧 하늘의 명령을 알았다고 한 데서 연유해, 50세를 가리키는 말로 굳어졌다. 천명이란, 우주 만물을 지배하는 하늘의 명령이나 원리, 또는 객관적이고 보편적인 가치를 가리키는 유교(儒敎)의 정치사상을 말한다.

사람위에 법法

사람은 날 때부터 어질고, 의롭고, 예의 바르고,
지혜로움을 지니고 있다고 맹자는 설파했다.
이렇듯 인간이 살아가는데 있어
양심에 호소하는 *인의예지仁義禮智가 있지만
사회적 합의에 의한 질서와 법도 있다.
질서는 지킬 때 편안하고 법은 지킬 때 바보가 된다.
법은 가진 자들의 횡포로 오염되었고 사회 정의는
이미 사라진 지 오래다.
무소불위의 절대 권력은 죽은 자의 영혼까지도
뺏어 간다.
 법을 몰라 사용하지 않는 자에겐 법으로부터 보호를 받지 못하고 법을 잘 이용하는 자들은 사기 공갈 협박 등으로 약자를 희생양으로 삼는다.
약육강식의 세상,
 끝까지 살아 남기 위한 발버둥으로 우리의 생존본능은 효과를 발하지만 결국 포기하고 쓰러져 죽는다.
 법은 왜 우리 곁에 달라붙어 거부할 수 없는 생존의 방식으로 작동하며 이 사회를 지배하고 있는가?
 법을 몰라도 불편함이 없는 세상!
 법 앞에 모두가 평등한 세상!

이제 법이 아니라, 인간 본성의 순수함으로
즉, 어질고 지혜로움으로 우리 모두가 행복할 수 있는
그런 세상을 그려 본다.

* 사람이 날 때부터 마음에 지닌 네 가지 덕. 어질고, 의롭고,
예의를 지킬 줄 알고, 지혜로움. 출전 孟子(맹자) 公孫丑上篇
(공손추상편)

살다 보니

살다 보니
슬픈 날도 있었고
웃을 날도 있었지
가끔 쓸쓸한 거리를 서성일 땐
스치는 바람에도 아파했고
흔들리는 술잔에도 괴로워했다

돌아와 머뭇거리던 바람은
무엇이 두려운지
가다 서기를 수천 번
오던 길 다시 가라 하고
홀로선 여명은
가장 어두운 새벽을 이겨내며
외롭게 깔려오고 있는데

용기가 없어 두려울 때는
절박한 심정으로
하루를 보냈고
후회가 어쩔 수 없는 선택일 땐
내 의지와 청춘을 바꿔가며

끝까지 이겨내려 애썼지!
이렇게 살다 보니
수없이 마주친 인연들 속에
만남과 헤어짐도
기다림이 있어 버텨 왔고
쓰라린 고통과 눈물도
기다림으로 참고 이겨내다 보니
나를 위한 진실 된 하루를
맞이할 수 있게 되더라.

낯선 길

가야 한다
멈추면 사멸하는 것
쉬지 않고 걸어야 살 수 있다.
*Down on His Luck
기울어 버린 내 운을 주워 담아
잠시나마 모닥불에 운명을 건다

길은 모든 것을 알고 있다
지금까지 험한 길을 걸어왔든
또다시 험한 길을 가야만 하든
지향점에 도달하기 위한
끝없는 몸부림으로
자신을 밟고
걷고 또 걸어가야 하는 것

뜨거운 태양은
가슴 아픈 날을 녹여가며
찬란한 새벽을 지나서 왔고
빨갛게 달군 황홀한 노을은
그날의 수많은 사연을 쓰다가

버릇처럼 덤벼드는
그 태양을 삼키며 왔다

아무리 멀고 험난한 길도
가보지 않은 낯선 길도
눈물로 얼룩진 가시밭길 헤치며
꿋꿋이 걸어서 여기까지 왔는데
그 무엇이 두려우랴!
끝없는 도전, 미지의 세상
지난날 그 뜨거웠던 청춘의 피로
벼랑 끝에 선 두려움을 넘어
걷고 또 걷다 보면
세상 어디 못 갈 곳이 있겠는가?

* 호주 퍼스의 시립미술관에는 1889년에 그려진 'Down on His Luck'이란 작품이 있습니다. 그림 속 사내는 숲길에 앉자 모닥불을 피우며 쉬고 있습니다. 그의 뒤편으론 그가 하루 종일 힘겹게 걸었을 좁다란 길이 보입니다. 이제 그는 한 줌의 모닥불로 몸을 녹이며 쉬고 있지만, 큰 문제가 하나 있습니다. 새날이 와도, 이제 자신이 어디로 가야 할지 모른다는 것입니다.
　이것이 바로 우리 인생이라 하네요. 그래서 우리는 행복하기 위해서는 미래에 대한 계획이 있어야 합니다. 만약에 무슨 일이 생겨 어떻게, 어디로 가야 할지를 정하지 못한다면 우리의 인생은 좌절하게 되고 불행해진다는 메시지를 전하고 있답니다.

존재, 죽어도 싫은 이유

처음부터 싫은 것은 아니었지
챗GPT가 쏘아올린 오픈 AI의 출현
당신을 보는 순간 모든 것이 파괴되고
얼핏 비친 실루엣은 두려움의 대상이었을까
꿈속에서 마주친 너의 숨결만큼은 차분해
무척이나 친하게 지내고 싶었었지

극단의 사고와의 단절은 생각지도 않았는데
음식물이 목구멍을 비집고 넘나드는 아픔 때문이었을까
언제부턴가 교만한 눈빛이 나를 바라보고 있었고
배통을 쥐어짜며 차오른 지방의 불쾌감은
소외된 자존감의 상실로
사람을 싫어할지도 모른다는
강박감에 사로잡혀 살았나 봐

어쩌면 공감과 소통이 무너진 참사일지도 몰라
기후의 난맥상으로 불편한 폭염이 몰아치던 날
집단 수용된 동물들의 처절한 죽음을 목격하고
사지가 오그라들면서 입을 닫아 버렸으니까
변하지 않고 거듭되는 나의 파괴 본능은
간곡한 아나키스트의 해방론에도 바뀔 의지는 없어
처참하게 무너져 가고 있는 자신을 바라볼 뿐…

광활한 산티아고 순례길에 발을 걸쳐 본다
마지막 숨을 몰아쉬며 콤포스텔라 대성당과의 만남
처절한 자신과 싸움에서 오는 성취감은
나 홀로 남겨둔 채 어떡하라고
질긴 인연을 만나 꿈속을 헤매는 순간
미끈거리며 퍼덕이는 벌레들이 치근 덴다
몽퉁한 거머리가 꿈틀대며 속살을 파고드는데,
횟집 칼날 끝에 매달린 고래회충의 진화는
멈추지 않고 인간을 조롱하듯 계속된다.

머리가 아파 온다
이미 새벽이 잠을 앞질러 버린 혼돈의 시간
요동치며 온 힘을 다해 뛰는 안타까운 심장의 울림
한순간 눈가가 부르르 떨리더니 눈물이 솟구친다
한 치 앞도 볼 수 없는 장막에 목숨은 걸치고
조롱하며 좁혀오는 사악한 무리를 본다
검은 그림자로 다가와 시야를 덮는다
슬픈 영혼들의 영결식에 초대된 외로움
불편한 착각이라 말하고 싶지만
진짜 이유도 모른 채
눈먼 당신이 걸어오고 있다.

이제 와 어쩌라고
죽도록 당신이 미운데
많이 보고 싶었지만, 너무 늙어버린 영혼
싫어 지면 어쩌나 내가 참아낼 수 있을까?
좋든 싫든 끼워 넣을 자신이 없다
찢긴 육체와 고통으로 얼룩진 시간들
초현실주의적 프리다 칼로 자화상을 본다
온몸에 전율이 인다.
넘실대는 파도 소리, 황홀한 고백
푸른 바다의 향연 앞에 솔바람 불어오고
오색 별빛이 쏟아지는 밤하늘!
기다림도 이별도 없이
당신을 두고 간다

잃어버린 나를 찾아….

*프리다 칼로(1907년~1954년)
 멕시코의 초현실주의 화가. "나는 결코 꿈을 그리는 것이 아니다. 나의 현실을 그릴 뿐"이라며 초현실이라 불리는 것을 거부했다고 한다. LGBT 인권 운동의 아이콘 중 한 명으로 평가받는 화가다.

인연의 끝

끝도 시작도 없이
살아있는 것들의 몸부림

별들이 소스라치게 쏟아 진다
바람이 눈을 감고 기를 쓴다

어둠을 뚫고 기어드는 자
놀란 바람 껴안고
눈부신 별들과 함께
내 마음 붙잡는데
어쩌면
망각의 시간이 서러워
외롭다고 말하고 싶겠지

공간을 지배한 의식은
별이 되어 떠돌고
내 마음 훔쳐 간 바람은
자유로운 영혼으로 남아
이미 떠나버린
인연의 끝을 거두어들이고 있다.

혼돈混沌의 시간 존재存在까지
– 전장연 차별철폐 시위 현장

그냥 울고 싶어 울었다
허공을 휘젓는 가슴이 탄다
허탈함은 현실과 충돌하며
그 어떤 것도 감당하지 못한 채
몽환의 감정에 들어 서는 것
멍하니 넋을 놓고 아무것도 할 수 없는
미련한 바보처럼,
저주의 손길을 피한다는 변명辨明으로
입을 굳게 닫아 버린 진실의 방
나 아닌 또 다른 존재에 대한 부정否定으로
침묵에서 오는 무력감은 어찌하랴
가슴이 미어지는 참회懺悔의 시간을 보듬고
시지프스의 신화 속 바위를 들쳐 멘다.

* 파토스가 정념情念을 둘러쓴 채 웃고 있다
탐욕貪慾 앞에 자유로울 수 없는 처지인 너
정지 화면, 스탑
멈춰버린 마인드브레인(Mind-Brain)
현실을 탐독하다 감정을 주체못한
어느 묘비명墓碑銘의 불빛이 아른거린다
무턱대고 칼을 휘두른들 깊은 상처만 패일 뿐

자유로운 피안彼岸의 길을 옆에 두고는
아무 데도 갈 수 없다는 걸 알고 있다

거듭 밀려드는 혼돈混沌의 시간
얼 빠진 자는
지쳐있는 한 영혼靈魂의 가식 거리가 되고
게으른 자는
한낮의 가장 뜨거웠던 태양을 만져보지 못한다
사지육신 버젓한 놈들이
갈 길을 상실한 채 방향 감각을 잃고 있다
겁 없이 덤벼든다
울퉁불퉁 흔들리는 거리
쓰러지면 죽는다.

싸늘한 바람 앞에 구름이 몰려온다
그저 그 바람 앞에 떠도는 구름일지라도
슬픈 눈물로 얼룩진 상처傷處는 말한다
살아 있기에 존재하는 것
미시적微視的 본능,

숨 쉬는 생명력生命力
차오르는 기운氣運으로 일어서라 한다.

신새벽의 여운이 몸부림친다
어둠을 걷어 내며
붉게 젖은 여명黎明이 슬며시 걸어 온다
눈 한번 감았다 뜨니
바람꽃 사연은 금세 지워져 버렸다

일어나라 한다 굳은 의지로
맨땅을 짚고 일어날 힘만 있다면
가슴 아픈 흔적은 깨끗이 날려 보내자
내가 믿는 만큼 일어설 수 있다는 확신
거역할 수 없는 내 운명運命을 덮어쓴 채
생존生存의 본능에 충실히 이입되는 순간
혼돈混沌의 시간은 지나고 생生의 존재存在까지 힘찬 걸음을 내디딘다.

* 파토스 Pathos는 인간의 쾌락과 고통을 수반하는 다양한 감정을 의미한다. 이에 대비되는 자연적 성격, 성향, 도덕적 성격은 ethos라고 한다.

들꽃도 흔들리며 살아간다

처음부터
혼자는 아니었지
나에게 주어진 길
걷고 또 걷다 보니
사는 게 익숙해져 가더라

가슴 아픈 고통이 찾아와
세상이 나를 속인다 해도
참고 견디다 보면
금세 지나가리니
죽을 만큼 괴로워도
너무 슬퍼하지는 말자

한숨 소리는 몸부림치다 사라지고
아픔도 견딜 만큼 오다 가는 것

하늘을 훨훨 나는 새는
작은 둥지 하나로 살아가고
가냘픈 몸짓의 들꽃도
작은 바닥을 딛고
흔들리며 살아가지 않던가.

인생무상 人生無常

허리끈 풀어헤친 산이
쉬어가라 부른다
마음마저 푸른 하늘이
내 맘 가져가라 부른다.

덧없는 인생사
있는 듯 없는 듯 비우지 못해
욕심이 지나쳐 미움이 생기고
용서를 못 해 화를 부르는 것
나도 내 마음 몰라 아프나니
내 마음 다 가져가려 하지 마
내 모든 것 알아버리면
난들 부끄러워 어찌 살겠는가

천년을 품고 도는 바람도
맨몸으로 가고 오기를 수천 번
가진 것 없다 슬퍼 마라
없다는 것은 잠깐 불편할 뿐
송두리째 내 삶이
무너지는 것 아니니

한숨 소리 부질없다 말고
마음 한번 비워 보세나.

〈시작노트〉

'반드시 밀물 때는 온다.
바로 그날, 나는 바다로 나갈 것이다.'
때를 놓치지 마라는 말이다.
이 말은 인간에게 주어진 영원한 교훈이다.
그러나 인간은 이것을 그리 대단치 않게 여기기 때문에
좋은 기회가 와도 그것을 잡을 줄 모르고
때가 오지 않는다고 불평만 한다.
하지만 때는 누구에게나 오는 것이다.
- 앤드류 카네기 -

엄마 엄마 울 엄마

새벽을 풀어 헤친 호밋자루
밭고랑 얽어 매 이고 지고
항아리에 채워둔 보리쌀도 바닥
쪽박은 달아 엮어 매기를 여러 번
울 엄마 끼니는 어찌하셨소

찬 서리 서릿발 시집살이
날밤으로 엮어내는 삯바느질에
독하게 삐져 나가 울어대는
가시 바늘의 설움이여
화롯불 잿가루 목을 적시면
슬프다 서럽다
덧대고 덧댄 골무에
핏물이 번졌구나

셋방살이도 부족함 없었지만
빨간 흙벽돌 새집 지어
이사하던 날
어머니의 엷은 미소
아궁이 속 불꽃으로 피어나

구수한 보리밥 익어 가면
해당화 노을 언덕 바라볼세라
온 식구 덕석에 둘러앉아
별들과 웃음꽃 나누었는데

아아 바람이 치맛자락 붙들고 흔든다
시절의 연을 끊지 못한 꽃잎이
이슬에 쌓여 뒹군다

눈물로 얼룩진 지난날의 추억
아무리 지우려 해도
숯덩이 속 탄 가슴 아픈 세월만이
울다가 웃다가
새벽달 뒤로 한 채
호기심 많은
은하 별 하나 찾아와
감춰둔 내 엄마 미소
훔쳐 가면 어쩌나.

수레는 돈다

여명이 물든 골목길
묵은 안개 걷히면
거꾸로 기대고 선 수레가
쉰 목청 헉헉대더니
자리를 박차고 일어선다.

가자 가자 수레야
돌아라 수레야
멈추면 죽는다
거친 숨소리는 살기 위한 발버둥

하루 12시간 200kg에 1만6천 원
가난의 둘레도
내 생生의 업業도 돌고 돌아
여기까지 왔구나
쌓이고 쌓인 업보業報 무게까지 얹으면
얼마나 더 받을 수 있을까?

배운 것도 가진 것도 없어
자장면 배달 신발 공장으로

부끄럼도 미안함도 잊은 지 오래
막노동 임금착취로 골병까지
상대적 빈곤율 세계 1위인 우리나라

두려움도 욕심도 없다
영혼까지 접어 수레에 실었다
죽어서라도 짐이 될까 봐
마지막 내 거죽 거두어 갈 수레는
나와 함께
오늘도 집을 나선다.

바람 속 먼 길

상념의 시간
기를 쓰고 덤벼드는 넌
잃을 것도
버릴 것도 없다는 듯
맨몸으로 훨훨 날아
민들레 홀씨로 타오른다

외로움 하나 던져놓고
바람의 둘레로
몸을 감싼 지 오래
비록 스치듯
가볍게 보일지언정
너와 함께 먼 길 걷는 것은
스스로 감당해야 할
마지막 사랑이 있기 때문이라네.

내 마음에 들꽃

사랑한다 말해요
보고 싶다 말해요
초록빛 두른 그 소리는
따스한 햇살 보듬고 일어서는
들꽃들의 속삭임

참을 만큼 아픔으로
바람에 흔들려야 피어나고
찾는이 없어도
보채지 않고
애틋하게 피어나는
내 마음에 들꽃이여

가냘픈 그리움 애태우다
살짝 젖은 눈망울,
이미 들켜버린
이내 마음
어찌 감당하라고
저 산 넘어 그대에게
날 묶어 두고 가시나요.

제6부

아주 오래된 빈방
A very old empty room

구들에 숨어든 온기는
새벽을 이기지 못한 채
아침을 짓밟고 지나가는데
취한 듯 비틀거리는 저놈의 화상
화들짝 오금을 떨다 손을 흔들면
애첩을 물어 피어난 양귀비가
시린 눈 깜빡이며 몸을 세운다

그런 당신

편하다는 이유로
그 사람이 얼마나 사랑스러운지
모르고 지내지는 않았는지

하던 습관대로
그 사람의 소중함을 보지 못하고
그저 소홀하지는 않았는지

내가 아파할 때
나보다 더 많이 아파하던 당신
덤벙대고 헤맬 땐
내 손을 꼭 잡아 주고
어떤 선택도 옳다고 인정해 준 당신

내 잘못과 실수를 탓하지 않고
끝까지 나를 믿어주던 당신이기에
낯선 세상이 다가와 당황할지라도
잊었던 두려움이 몰려올지라도
놀라지 않을 자신이 생겼고

당신을 잃어버리면 어쩌나
늘 걱정하고 가슴 조이며
아파하지 않을 용기가 생겼어요.

오늘도 당신의 고운 목소리에
시린 눈 깜박이다 마주친
당신의 미소가 있어 행복합니다

항상 지켜봐 주며 응원해 주는
그런 당신이 옆에 있다는 사실에
매 순간 감사해하며 살겠습니다.

아주 오래된 빈방

죽자고 달려드는 시간 앞에
살려고 발버둥 치는 자
나는 그립고 너는 없고
아무리 둘러봐도
썼다 지워버린 흔적들만이

혼자 서 있을 수도
앉아 있을 수도 없는
차가운 바닥에 납작 엎드려
달빛이 몰고 온 공허함에 들썩
끼니를 찾아 기어드는
애벌레와 마주친다

구들에 숨어든 온기는
새벽을 이기지 못한 채
아침을 짓밟고 지나가는데
취한 듯 비틀거리는 저놈의 화상
화들짝 오금을 떨다 손을 흔들면
애첩 묻고 피어난 양귀비가
시린 눈 깜빡이며 몸을 세운다

더 이상 물러설 곳 없는
어느 겨울 마지막 밤
옛 추억의 꿈들을 덮어쓴
아주 오래된 빈방은
차갑고 지루했던 문을 닫고
들리지 않는 것에 귀를 열어
새로운 생명의 칸을 채운다.

내 이름은 잡초라 하네

밟히고 쥐 뜯겨 뽑힌들
버티고 버티면 이별이 아닌 것을
바람이 쓸고 간 처연한 뒤안길
오다가다 있을 곳을 잃어
엉뚱하게 내팽개쳤으니
그 이름 잡초라 하네

매번 일어서려는 발버둥
여명의 들뜸에 고개 들고
새벽 이슬방울 뚝뚝
내 배알 타고 털어지면
세상은 뿌리와 뿌리로 이어져
모두가 웃고 울며 살아가는 것

빈 가슴 허공을 가르는 기러기 떼
슬픈 노을 속으로 빠져들어도
외롭다 슬퍼 울지 말아라
속살 찢기고 터지는 아픔쯤이야
어떤 고난과 역경이 들이닥쳐도
우리는 선택된 생명의 불꽃!

땅을 붙들고 사는 것만으로도
가슴 뜨거운 사랑 아니겠는가.

〈시작노트〉

  땅심은 어디서 오는가? 비옥한 땅은 물과 함께 잡초가 뿌리를 내려 숨통을 열어 주고 미생물의 활동을 활발하게 해준다. 버려졌다고, 쓸모없다고 슬퍼할 일은 아니다. 잠깐 있을 곳을 찾지 못해 어둠과 함께 들판을 서성거렸을 뿐, 쉬어 가는 것이니 이름 없는 이름으로 존재 이유를 찾아 머문다.
  잡초는 단지 뿌리를 내린 곳이 달랐을 뿐 모든 풀도 이름이 있고 생명이 있다. 잡초 같은 사람은 누구도 없다. 누구나 필요한 곳, 있어야 할 곳이 있다.
  세상의 모든 것은 이유 없이 버려진 존재는 없듯이 살고자 하는 강인한 힘만 있으면 내 생애 최고의 순간은 온다.

웃음꽃

하늘엔 바람꽃
내 어깨엔 꽃비가
사랑스런 당신의 입가에
달콤한 웃음꽃 피어나면
온 세상 모두
행복으로 감싸 안으리.

어쩌다 슬픈 눈빛
숨어 울다 들키면
바람꽃 내려와
꽃비를 달래고
웃음꽃은 별빛과 아롱져
행복할 그 날까지
웃고 또 웃자 하네요.

* 웃음꽃
　작사 류정식 작곡/노래 AI
　블로그:시와맛집의만남
　https://blog.naver.com/justman21

쉬어가라 했지

지난밤,
뇌리를 스친 불길한 예감은
허황된 욕심을 덜어내지 못한 채
하루를 건너 가고
내 지친 시간을 바라 본 저녁놀은
희미한 지평선을 넘나들다
깨지고 부서져 내렸다

세상이,
내 운명을 바꿔 놓을지라도
누구를 탓하고 누구를 원망하랴
세상은 이겨낼 만큼 고통을 주는 것

항상 작을 가능성을 찾아
꿋꿋이 버티고 일어서는 것이기에
잠시 멈춰 쉬어가자
눕지만 말아라
급하게 서둘다 쓰러지느니
천천히 걸어서
멀리 가야 하지 않겠는가?

가을 애상곡哀傷曲 · 1

좋아했다고
사랑했다고
차마 잇지 못한
그 한마디

그립다 말할 내요
보고 싶다 말할 내요
별 밤에 뿌려놓은
그립던 추억은 어디 숨었나

사랑한다 말 못 한 후회는
밤마다 찾아드는 설움으로
아픈 눈물이 되고서야
이별임을 알았네요.

가을 애상곡哀傷曲·2

당신을
옆에 두고
그립다 했나요
보고 싶다 했나요

가슴 시린
이별이 서러워
허공 속에 묻어두면
다시 사랑이 될까나!

가을 애상곡哀傷曲 · 3

가을 밤
외로운 밤
뒹구는 낙엽 따라
바람은 이유 없이
오지 않았을 텐데

들꽃 같은 입술로
여기저기
두리번거려도
당신은 없고
그리움만 남아있네.

가을 애상곡哀傷曲 · 4

모두가 가고 없는
쓸쓸한 뒤안길
고개숙인 가로등
Loving is gone
Loving is gone
사랑은 가고 없네

당신이 올 것 같아
들꽃이란 이름으로
애타게 불러 보지만
가을비에 젖어
숨어버린
달그림자만 남아있네.

코로나가 부른 집착

까만 밤 타는 불빛
불멍은 아닌데
모든 것이 멈춰선 정지 화면
줄을 선 오픈런으로 착각하지 마라
생존을 위한 방황이 시작되고 있을 뿐
코로나 팬데믹에서 오는 절망
가슴이 찢어질 듯 숨이 차오르고
이미 부패한 어둠의 흔적을 뒤적거리다가
너의 속마음을 훔쳐 본다.

백신 접종으로 안전할 거라는 믿음
거듭 주문을 외우며 걱정해 주는 것은
일상을 이탈하지 않고
함께 있어 주는 하루살이뿐
마스크 속에 감춰진
언어발달 장애의 흔적은
인간들의

지나친 욕심이 불러온 집착이라는 사실,
겁 없이 설쳐대 전염병은
무능한 신의 동의를 얻어
온 지구촌을 쓰나미로 몰아넣었고
동물들을 끌어안은 바로 그 팬데믹은
사랑한다는 속임수와 함께 미시적 본능에 충실하며
드라마나 뉴스에 숨어서 비웃고 있었다.

문제의식이 허공을 헤매는 동안
코로나라는 불순물을 걸러내지 못한 과오
바람이 통하는 길만 막아섰고
망령들이 오고 가는 길은 내주고 말았다.

온 세상 여러 무대를 누비던 인간은
운명이 절정에 달하는 순간
종종걸음을 걷듯
욕망의 그늘에서 벗어나려 하지만
이미 익숙해진 탐욕과 집착은
서슬 퍼렇게 질려 칼끝에 올라서 있었다.

숨이 헉헉거린다
바람의 몸짓에 흔들리며
오르고 내리기를 수천 번
줄줄 흐르는 콧물로 상처받은 내 영혼은
어쩌란 말인가?
우리는 깊은 밤 코로나 백신에 신음하며
얼마나 아프고 아파해야
과연 온전한 세상에서
평온한 민주주의를 맞이할 수 있을까.

인생길

구름은 바람 따라
자유롭게 떠다니고
강물은 계절 따라
유유히 흐르나니
호젓한 인생길 더디다고
붙잡을라 하지 마오

하루하루 살다 보니
어제가 오늘 같고
오늘이 내일 같아
더함도 부족함도 없으니
누구를 탓하며
누구를 미워하랴

서럽다 울지마라
모두가 시절의 인연으로
여기까지 왔으니
숱한 사연 남겨둔 채
바람 되어 훨훨 날아보세나.

성공한 사람

What is Success?
우리는 항상
지금보다 더 나아졌으면 하는 바람을
가지고 있다.
성공한 사람은 이렇게 말한다.

첫째는 단 한시의 시간도 헛되게 보내지 마라
게으른자는 노력하는 자를 이길 수 없으니
자만하지 말고 끊임없이 최선을 다하라 했지.

둘째는 책 읽는 것을 게을리하지 마라
모든 지식과 지혜는 책에 있으니
남들이 생각지 못한 새로운 세상은 책에서
얻어지는 것이다.

셋째는 늘 자기 플랜과 목표를 설정하라
어떤 계획을 세우고 그 목표를 향해
책임감과 사명감으로
최선을 다해 노력하는 사람만이

성공의 길에 이른다 했다.
'성공한 사람은 이유를 찾고 나보다 더 나은 사람을 옆에 두지만 실패한 사람은 핑계를 찾고 자기보다 못한 사람과 어울린다' 합니다.

지나가리라

내 마음
몰라준다고
미워하지 않기를
있을 땐 몰랐는데
떠난 뒤
후회되고
사랑도
미움도
지나고 나면
나혼자 애태운
억지이었을 뿐이라네.

구시포 해수욕장

가냘픈 파도에 밀려
곱게 누운 백사장
온 몸을 드러낸 햇살
느긋한 소나무 숲에 아롱져
금빛을 품어버린
황홀한 구시포여!

출렁이는 수평선
걸어 드는 노을빛 언덕
한 번쯤은 반 할만도 해
우리네 가슴 애태우며
저리도 붉게 타는 저녁놀을
어떡할거나.

어느 이주여성의 눈물

하늘길 건너 이국 타향
바람 매듭 풀어헤친 긴장된 갈등
시간은 가고 계절은 오건만
눈물은 시도 때도 없이 내 앞에 서 있네
들어 줄 사람도 하소연 할 곳도 없이
빗물에 씻겨 쓰러져 버린 사연들
눈물로 써 내려가지만
울다가 웃다가 허탈한 내 심장은
어디에 묻어 두고 가리까
처음 한글을 배울 때
내 심금을 울려 준 사람과 사랑의 받침 소리
사람은 사랑과 늘 붙어 다녀
한 몸이라는 울림은 어디로 갔나?

어린 나이 코리아 외치며
K팝에 미쳐 부모보다 한국이 좋았어요.
아니 TV에서 보이는 한국은
나의 꿈이자 미래의 낙원이었지요
먼 친척 소개로 들려 온 국제결혼 소식

집도 자가용도 있고
먹고 싶은 것도 맘껏 먹을 수 있다니
내 나라에서 사는 것보다 100배나 낫다는 말에
덥석, 나이 지극한 처음 본 남자와 결혼
꿈은 현실이 되어 화려한 결혼 이민자로
어느 시골 마을에 안착했는데
엷은 사 고운 빛깔, 내 마음은 푸른 빛이었건만
다문화라는 딱지가 아이들을 옭아맸고
언어와 문화적 차이는 웃음꽃을 억압하고 있었다.

하루하루 살아남기 위해
시부모 모시며 궂은일 마다하지 않았고
사회적 편견으로부터 오는 모멸감까지 이겨냈는데
자꾸만 늙어 가는 남편의 모습이 더 처량해 보이고
점점 마음에 문을 닫아 가는 아이들은 어찌할까나?
울다가 웃다가
달빛도 공허 속 빈 곳이요
별빛도 바람을 붙들고 울다 지친 허공이네요

아~아~
울어도 울어도 눈물은 없구나.
푸른 초원 넘실되는 내 고향이 그리워
오늘은 신앙의 끈을 붙들고 무릎을 꿇었다
엄마를 애태워 부르며 하늘을 향해 통곡도 해봤다
가슴 뭉클했던 설렘은 어디로 갔나?
스치는 바람에도 비틀거리는 쓸쓸한 그림자
믿고 사랑하는 모든 것이 배신하지 않기를
더함도 부족함도 없이
모든 걸 사랑하리라
무거운 어깨를 내려놓고
주어진 나의 길을 꿋꿋이 걷고 싶다.

〈시작노트〉

현재 다문화 가정 구성원 수가 100만 명을 넘어섰다. 세계적으로 이주화 현상이 늘면서 다문화가족의 증대는 필연적 현상이 되고 있다. 그런데도 다문화가족들은 경제적 어려움, 사회적 편견, 국제결혼 자녀의 차별 등의 문제에 직면해 있다.

인간은 모두 다 행복한 가정을 꿈꾼다. 이주 여성의 홀로서기는 어쩔 수 없는 선택이라 할지라도 무시와 차별을 넘어 소외되지 않는 이주민으로 살아갈 수 있어야 한다.

그러므로 정부나 지자체는 모국 방문 지원이나 심리 치유 프로그램, 자녀 돌봄 연계 등 다양한 전방위 서비스를 제공해야 한다고 본다.

책 속에서 지혜를 찾아라

"책과 친한 사람은
함부로 대하지 않는다"고 했다

책에서 지식知識만 얻고
지혜智惠를 얻지 못한다면
책 속에 벌레를 씹는 것과 같고
어설픈 쌈꾼이 되고 만다.

사람보다
돈이 우선인 세상
사람의 정情보다
힘이 앞선 세상
이런 세상에
AI 정보 속
수만 가지 지식知識보다
사람답게 사는 지혜智惠가
더 필요할 때가 아니던가.

大星人이여 寧原하라
-大星中 44주년에 즈음한 回甲宴 祝詩

노령산 갈재맥 이어온 태봉산 기슭에
대산의 큰 뜻을 품은 의지의 대성인이여!
상상의 세계 함께 꿈을 키웠던 큰 별들의 함성이여!!
뜨겁게 타오르는 불덩이라도 끌어안고
힘차게 외쳐 보리.
포효하듯 들끓는 심장의 박동을 끌어안고
우렁차게 외쳐 보리.
이제 어두운 그림자가 머뭇거린 시간은 가고
찬란하게 빛나는 새로운 미래의 시간만 오라

어느덧 교정을 나선 지 44년이라니
사는 것이 힘들어 가끔은 울어야 했고
세상이 원망스러워 땅을 치고 통곡도 했었지만
고통 없이 사는 삶이 어디 있으며
외롭지 않은 인간이 어디 있겠는가.
서럽다 서러워 말고 쓰러지고 넘어져도
바닥을 치고 일어설 힘만 있다면
힘차게 용기 있는 삶을 살아가는 것이 아니던가.

하루하루 어디를 향해 가야 하는지
길을 잃고 헤매는 곡예사의 긴장된 두려움처럼
한 때 후회와 불안감도 있었지만
어떤 고난과 역경도 꿋꿋이 이겨내며
부끄럽지 않게 열심히 살아온 우리가 아니던가

세월만 믿고 살았는데
아니 어느덧 벌써 60갑자 회갑이라니!
오늘 우리의 이 만남
교정에 우뚝 서 있던 느티나무처럼
변함없이 처음 만난 우정 그대로
푸른 들판에 새순이 다시 돋는 그 순간까지
나이 이순, 귀가 순해져 모든 것을 이해할 나이라지만
하늘의 뜻을 안다는 지천명 50 청춘으로
10년만 더 젊게
우리 한번 멋지게 살아보세나 친구들이여!

               2024년 11월 9일　詩人 柳 正 植

| 작품해설 |

시의 공간에 실체적 사유의 세계를 새기다
― 『눈물은 없다』를 중심으로

시인·문학평론가 **문 인 호**

I. 들어서기

시의 세계도 공간이 있다.

시인은 시의 세계 속에 공간을 만들고, 그 공간에 시인의 이념과 말하고자 하는 것들을 온건한 대화체로건, 거칠고 폭력적인 언어로든 모든 수단과 방법을 동원하여 시인이 의도한 의미를 채운다.

이상하게도 시의 공간에서는 거친 언어라 할지라도, 순화되어 양처럼 온순한 이미지로 변하거나, 호수처럼 순한 언어라 할지라도, 거친 파도가 바다를 뒤엎듯 강렬한 힘을 발휘하는 에너지를 품기도 한다.

그래서 시는 주술적 힘을 가졌고, 음악적 요소인 리듬이 가미되어 풍성한 감미로움으로, 독자들의 구미에 맞추어 소기의 목적을 달성하고자 한다.

시의 공간 속에 존재하는 이미지는, 작품을 통하여 표현하고자 하는 의도적 의미와, 작품 속에 내재된 실체적 의미뿐만 아니라, 독자들이 나름의 판단으로 해석된 의미가 서로 상충된 의미체로 존재한다.

서로 다름에 있어서는 개개인의 정서적 감정의 차이와, 서로 다른 사회적 관계망에 의한 활동 현상에서, 필연적으로 파생되는 결과물이지만, 작품 속에 내재된 의도적 이미지에 있어서는, 거의 같은 방향으로 유로 된다.

우리가 한 편의 시를 감상함에 있어, 최상의 서정적 환경 그리고 시를 이해하고자 하는 내적 갈망이 있다면, 보다 넓고 깊게 시를 감상할 수 있을 것이다.

더불어 시가 우리에게 주는 운율적 쾌락과, 불편했던 정적 심상을 다스릴 수 있는 지혜와 용기도, 얻어낼 수 있다는 관점에서,『눈물은 없다』에 수록된 의암 류정식 시집을 중심으로, 필자 나름의 구조와 존재론적 관점에서 시의 본질이 무엇이고, 시인이 구도했던 사유의 세계에 내포된 의도와 외포적 의미에, 누가되지 않는 범위 내에서, 몇 편의 시를 선정하여 함께 궁구의 시간을 갖고자 한다.

Ⅱ. 감상하기

류정식 시인은 별과 꽃과 사랑 그리고 그리움의 화신이다.

그가 추구하는 시의 세계는 고뇌에 찬 깊은 사유에서 흘러 나온다.

그는 prologue에서 '오늘따라 별이 유난히 빛난다. 내 마음에 찾아 넣은 별이~ '에서와 같이 우주의 별를 통하여, 삼라만상의 이치에 접하고자 한다.
별은 인류에게 길이였다. 저 옛날 농경사회로 접어들어서는, 점성술로 농사의 길흉을 점쳤고, 드넓은 바다를 항해하는 길잡이 역할도 했다.

더욱이 별은 성스러운 신의 전령으로서의 역할로 예수의 탄생과, 동방박사 세 사람의 길을 예루살렘까지 인도했다. 뿐만 아니라 별은 언제나 사랑을 동반한다. 별을 생각하면 까마득한 옛 친구들이 별처럼 깜박이고, 처음 사랑을 가져다준 소녀가 빛난다. 별로 말하자면 無限無邊하니, 별과 꽃과 사랑과 그리움은 당연한 시인들의 소재꺼리었다.

여기 감상의 첫 작품으로, 그가 가지고 있는 시인으로서의 성품을 이해하는 데 가장 좋은 시를 살펴보자.

좋든 싫든
질긴 인연으로 태어나
맨 밑바닥에서 살다보니
엎어지면 얼른
일어설 수 있어 좋더라
작심하고 달려든 세상
산다는 건 흔들림의 연속
방황의 끝이 어딘지 모르지만
좁은 땅 심이라도 붙들고 있다 보니
아무리 밟히고 뭉겨져도

그런 고통쯤이야
스스로 안고 가야 할 길임을…

누구 하나 바라봐 주지 않으니
꽃이 될까 걱정 없고
밖으로 던져져 속살이 터져도
모든 걸 내려놓고 살다 보니
탓하며 싸울 일 없어 좋더라.
_「잡초」전문

우리는 나름의 삶 속에서, 살아가는 선택지가 많은 것 같지만 많지가 않다.

5연 31행으로 구성된 이 시 속에는 시인이 살아온 과거의 행적과 생각들이, 파노라마처럼 펼쳐져 있다. 굽이굽이, 첩첩이 살아온 한 생의 줄기가, 때로는 오만할 정도로 힘찼고, 때로는 성취의 감동과 사랑의 힘도 함께 가졌다.

이러한 과정 속에서 3연에서 보듯이, 성공했다는 뒷마당은 혼란이었고,
이를 이기기 위한 깨달음은, 자아를 버리기 위한 애씀으로 현재의 시인의 길을 걷기 위함이었다는, 깨달음의 시다.

자신의 삶은 자신이 선택해야 한다는 말 속에는, 무한한 선택지가 있는 듯 하지만 실은 선택할만한 선택지가 그리 많지 않음을 뜻한다.

세상사에는 우연과 필연이 항존한다. 필연은 자신의

삶을 자신이 선택하고, 개척해 나가는 정신이 있어야 한다.

우연은 운명적이다. 자신의 삶을 위하여 부단한 노력과 필사의 의지로 얻고자 하는 것을 위한 노력과는 관계없이, 그냥 어느 날 자신의 의지와는 별개로 오는 어떤 것이니, 운명과 필연은 같은 듯 다른 선상에 놓인 논제꺼리다.

20~30대라면, 내 운명은 내가 개척해 나가는 필연적 행위라며, 당당히 세상과 맞선다. 그래야만 젊은이답고, 앞길이 양양하다고 모두가 갈채를 보낸다.

40대 불혹에서는, 유혹에 흔들리지 않는 나이로, 공자의 논어《위정》편에 나오는 내용으로 익히 알고 있는 말이다.

사람이 살아가는 과정은 거의 닮은 꼴이다.

이 시의 표면상에 드러나는 의미를 보면, 1연의 열정을 불러온 에너지는 사랑이라고 단언한다.

3연에서는, 1연과 2연에서의 행위에 대한 주변인들과의 관계에서 상호 간의 원만한 관계망을 위한 자아 수련을- 4연, 단테의《신곡》에서 길을- 로마의 시인 베르길리우스에서 삶의 안내와, 공자의 가르침조차 모호해지는 인간으로 생각의 나약 함을- 5연에서, 베르나르의 쥐덫에 걸린 실수의 길을 걷게 되었음을… 여기에서 바로 쥐덫에 걸린 실수가 운명인 것이다.

그런데 시인은, 실수는 실수가 아니다 라고, 오히려 실수를 두둔함으로써 시인의 길을 걷게 됨을 정당화 하고 있다.

이 시를 탐독하면서, 연으로 분리된 세월의 각 분깃점마다 느껴지는 각양각색의 감정이 유로되는 통로가 상큼하다.

《고독한 자의 변명》에서도 역시, 시공의 흐름을 따라 살아가는 과정에 붙임하고 있다.
 지면의 공간을 줄이기 위하여, 4연 36행을 생략하고, 각 연이 주는 이미지를 가능한 한 간결하면서도 이 시를 감상하는 데 도움이 되도록 하고자 한다.
1연 (8행) : 미래의 삶을 합리화하기 위한 동기를 만든다. 4행의 '살고자 하는 자 고요를 건너 외출한다 8행 '고독한 자의 변명은 탐욕으로 오염된 시간으로 시작되고'
2연 (10행) : 생존을 위한 몸부림
 - 두려움으로 끌어들인 촉감의 상상력과 망각
 - 무거운 눈꺼풀을 감내하는 행위는 끼워 넣는 힘든 행위로, 그 힘들었던 행위들을 보고자 함이 아니라, 오히려 숨기고자 하는 행위를 내포함.
3연 (7행) : 현실인식
 - 낙엽, 바람, 구름에서 가벼움을 느낀다. 가볍다는 것은 존재의 가벼움으로, 자아가 현존하고 있는 공간이 없음. 혹은 '미흡 함'을 이르고,
 - 밤에만 있어야 할 별빛이 태양 아래서 휴식을 취하는 행위는, 일시적 생존의 방편으로, 후행의 '목줄 타고내린 땀방울이 목마름을 이겨낼 수 있을 '에서 더욱

견고한 두려움이 엄습한다.

4연 (11행) : 결과

 – '이처럼 비참한 삶의 고통'을 인내하는~ '아픔쯤이야'라는 시인의 시구 속에는, 칼날 같은 결의로 인내했던 결단력은, 바라던 이와의 만남을 위한 통관 의례쯤으로 바라보는 시인의 대담함이, 오히려 시를 시로 탄생시킨다.

 특히 이 시는 이야기처럼, 연과 연의 고리가 인과응보적관계로 이어진다. 존재와 소유가 어떻게 융합할 수 있는가의 정답이다.

 운명처럼 진행되어지는 삶의 갈피로 찾아드는 생의 가장 소중한 선물이다.

 《고독한 자의 변명》 속에서, 무엇을 얻어가든 최소한 자아에 대한 실존적 행위란 물음에 있어, 답의 실마리에 근접해 있으니, 이 시가 주는 표면적 의미와 내포적 이미지에 고개를 끄덕이게 한다.

 살아간다는 것은 누군가와의 관계 속에서만 이루어진다.

 그 관계가 곧 사랑이다. 사랑이라는 관계망에서 멀어지면 무망함이니, 사랑은 인간관계에서 뿐만 아니라 우주적 에너지인 것이다.

　바람꽃 다가와
　내 마음 흔드는 그대

순백의 미소
꽃잎에 젖어 들면
들꽃처럼 나부끼는
당신이 보고 싶어요

바람꽃 피어나
내 마음 울리는 그대
당신께 가고 싶어
잡힐 듯
내 발길 붙들고
보채는 그리움이어라.
_ 「바람꽃 그리움」 전문

어떤 사물이든 '존재에 관한 실존은 본질에 선행한다고 한다.'고 한다.

조금은 무거운 주제가 때로는 본질을 가볍게 파악할 수 있게 하기도 하고, 가벼운 주제가 때로는 무겁게 다가오기도 한다.

《바람꽃 그리움》이 그렇다. 바람은 관념이지만, 객관적 상관물인 들꽃을 통해서 그리운 사람에 대한 연민을 느끼게 한다.

이 시에서 흔들고, 흔들리는 것이 따로 인 것은 흔들리는 것을 통해 흔드는 것의 존대를 인식하게 하기 위함이다.

그리 본다면 이 시에서 실존은 당신이고, 본질은 사랑이다.

류정식 시인은 이 시에서, 실존적 대상을 통해 흔들

리는 그리움이 있고, 그 그리움이 본질인 사랑을 동시에 수면 위로 떠올려 독자들을 애상케 한다. 결국 독자들의 접근 방법에 따라, 서로 상이한 감정 이입이 되겠으나, 시인들이 가장 즐겨 쓰는 소재가 사랑이고, 이미지는 당연히 그리움이라면, 다가서는 그대는 이미 그리움이 아님에도, 시인이 그리움이라는 언어를 차용함에 있어, 시가 가진 이미지의 만상이 각기 다름이기 때문이다.

이 시의 내면은 그리움의 대상인 님(사랑)이고, 외면은 언제나 그리움으로 찾아가는 사랑인 것이다.

류정식 시인의 시는 별빛과 꽃과 바람에 대한 인유로서 시의 제목에서 보듯 《눈물은 없다》의 눈물은 모두 여기에서부터 연유한다.

이 시를 보다 쉽게 이해하기 위해 도표를 그려 독서 능률을 높여본다.

> 가버린 이별이 슬프다
> 남겨둔 사랑이 슬프다
> 밤하늘 별들도 슬퍼하지만
> 아니 눈물은 없다.
>
> 아픔은 상처 난 흔적으로 괴로워하고
> 슬픔은 때늦은 후회로 울어댄다

별빛으로 채워진 허무한 추억들
들꽃 아장거린 오솔길에서
작은 꽃잎마다 이름 불러주면
어떤 아픔이라도 떠나보낼 수 있을까

떠도는 구름도 산허리 돌 때는
감춰둔 사랑 나눠주고
무심한 바람도 오던 길 돌아갈 땐
달빛 품은 풀잎과 딩굴다 가거늘

당신은 어찌 아프다 말도 못 하고
그렇게 먼 길을 떠나셨나요.
_「눈물은 없다」전문

  이 시를 읽다보면 문병란 선생이 생각날 정도로 훌륭한 작품이다.

  문병란 시인의 시와는 다소 다른 시 결이지만 첫 연의 첫 행을 대하면 문병란 선생님이 떠오르는 것은 그럴만한 이유가 있는 법. 이별의 슬픔이 주는 애상이 '떠나보낼 수 있을까'의 미련과, '그렇게 먼 길을 떠나셨나요'에서의 미련이 '바람도 오던 길 돌아갈 땐 달빛 품은 풀잎과 딩굴다 가거늘'에서 여실히 들어난다. 눈물은 없다 의 독한 역설적 진술이 2연에 와서, 화자의 속내가 들어난 '운다'가 아닌 '울어 댄다'로 바뀐다. 울어대는 행위는 타동사로서, 슬픔의 연속성을 갖는다. 바로 참았던 슬픔(눈물)이 폭발함을 의미한다. 3연의 '추스림' 역시 이별의 통한이 진행형이다. 끝 행

'먼 길을 그렇게 떠나셨' 냐는 자조가 결국 독자들를 하나의 시 세계로 이입시켜, 이별에 대한 보편적 가치를 범종이 안으로부터 맥놀이 하여 밖으로 멀리 울려 펴지 듯 심금을 울린다.

꽃은 소리 없이 피어나고/ 새는 눈물 없이 우는데/ 하루를 감아 돌던 바람은/ 그 무엇이 억울했을까//
　가물거리며 떠들던/ 달그림자/ 서러워서 우나요/ 내가 흘린 눈물은/ 고뇌에 찬 침묵으로/ 어디 매 숨어있나요//
　서럽다 울지 마라/ 부서지는 심장의 고통쯤이야//
4~5연 생략
　　　　　　　_「존재 그 이상의 반란」 일부

　세상을 보는 것은 작은 두 눈인데, 세상 속 세상은 너무 광활하다.
　눈에 보이는 사물은 무엇이든 필연적 사연이 있다면, 필연에 대한 우연적 사유는 삶 속에 존재하는 불가항인 광활한 또 다른 세상인 것이다.
　《존재 그 이상의 반란》 부제로 —하소연이 던진 질문이다.
　삶은 투쟁이라는 등식으로 존재라는 필연적 관계로 불가분의 관계에 선다는 시인의 사유물이다.
　그런데 그 존재 이상의 반란이라면, 필자의 느낌에도 심상치 않겠다는 생각에, 함부로 그가 의도하고 있는 메시지를 펼쳐 보이기에 고민스럽다.
　특히 부제가 주는 특별한 패러독스가, 1연에서의 소리

없이 피는 꽃. 눈물 없이 우는 새의 심오함을 통하여 바람의 억울함으로, 2연의 달그림자는 소리 없이 우는데, 나의 고뇌에 찬 눈물은 어디에- 로 억울한 삶과 고뇌한 자아를 하소연하고 있다.

3연의 서럽다. 울지 마라. 부서지는 아픔쯤이야에서의 애상은 화자가 살고자 하는 독기로. 4연 그러함에 있어 깨달음을 통한 자아 평상심을 찾고, 새로운 미래로의 날개 짓을 꿈꾼다.

이 시를 보다 쉽게 이해하기 위해 도표를 그려 독서 능률을 높여본다.

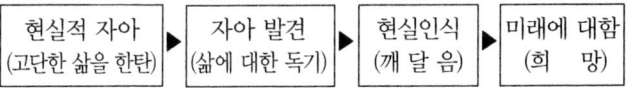

류정식 시인은 시인다운 따뜻한 마음의 소유자다.

우리들이 익히 알고 있는 법정스님의 무소유가, 사람들의 마음에서 오래 기억되는 이유가 있다. 바로 삶에 꼭 필요한 것 외에는 소유하지 않는, 비움에서 오는 마음이라는 것이다.

한 편의 시를 더 감상해 보자

준다는 건/ 무아의 헌신/ 나누고 베풀다보면/ 꽃은 향기요/ 바람은 자유다// 가진 게 없어도/ 있는 듯 없는 듯/ 애써 욕심 부리지 않고/ 아낌없이 나누다 보니/ 웃는 날이 더 많아 좋더라//

나눔은 나눌수록 커져/ 사랑이 되고 행복이 되는

것/ 바람에 기댄 따스한 숨결/ 항상 서로 만나 사랑
하고픈/ 포근한 세상 아닐런지.

_「나눔」전문

존재코자 하면서 무소유의 존재다움을 찬양하고 흠모하는가? 이런 물음에 대한 물음은 현재에도 인간사회에서 왜 진행형인가.

잘 살기 위해서 사유와 이성으로 멀고 먼 길이라 해도 이러한 일에 헌신한다.

류정식 시인의 《나눔》에서 나눈다는 것은 무아의 헌신이고. 베푸는 일은 향기요, 자유라고 쓴다. 좋은 삶은 어떤 것인가. 그에 대한 답을 고스란히 선사하고 있다.

1연의 '꽃으로 치자면 향기요, 바람으로 말하자면 자유다' 라는 시행에 주목하지 않을 수 없는 것이, 나눔의 행위에 대한 본질의 실체를 담론화 하고 있기 때문이다. 주는 행위자는 무소유자가 아니라, 실존자로서 감히 행하기 어려운, 가짐의 무아인 배품의 헌신을 한다는 점에서, 범인이 가질 수 없는 향기와 자유인이 된 것이다.

2연의 1행 '가진 것 없어도'와 4행의 '아낌없이 나누다 보면'이 갖는, 두 행의 배치에서 따뜻한 인간미가 넘친다. 주는 자의 빈 공간이, 행복한 웃음의 공간으로 채워지는 충만함을, 3연으로 이어져 살만한 세상을 보여주는 구상 자체가 편안함을 준다.

Ⅲ 나가며

 몇 편의 시가 『눈물은 없다』의 전편을 대표할 수는 없지만, 류정식 시인의 시 세계가 어떤 흐름으로 세상을 들여다보고, 들여다 본 세상이 우리들에게 어떠한 감흥으로 다가와, 자아 화하는 가를 엿볼 수 있을 것이다.

 물론 여기에서 거론된 이미지의 갈래가, 각기 다름은 있겠으나, 최소한 독서행위에 있어서, 함께 참고가 된다면 다행이겠다.

 시집 전편에는 존재론적인 시도 있고, 범인으로서 느껴지는 서정시도 있다. 그러면서도 이 시집에는 인간애가 흐르는 따뜻함이 있다.

 서술적 진술이 아닌, 시적 언어로 직조된 점에서, 찬찬히 읽고 사유의 공간을 넓힌다면, 상당한 행복감과 마음으로 빗 젖던 무언가의 무게에서 벗어났으리라 믿는다.

 다만 지면의 부족으로 더 많은 시와의 소통이 부족함을 아쉽게 생각하며 독자들의 가슴도 따뜻하기를 바란다.

국제펜 본부. 한국문협회원, 광주문협부회장 역임. 12년도 ,15년도. 문체부, 예술인복지재단 파견 작가/ 현사단법인 송재서재필기념관 총괄 실장, 전남지방행정동우회 간사, 동산문학 편집위원/ 저서 『말의 섶에서 따온 사과』 외 7권/ 광주문학상 외

눈물은 없다 | 류정식 제4 시집

지 은 이 / 류 정 식
발 행 인 / 황 하 택

찍 은 날 / 2025년 9월 10일
펴 낸 날 / 2025년 9월 15일
발 행 처 / 도서출판 현대문예

주　소 / 광주광역시 동구 천변우로 361-6
전 화 / (062)226-3355 팩스 (062)222-7221
cafe.daum.net/ht3355
E-mail / ht3355@hanmail.net

등록번호 / 제05-01-0260호
등록일자 / 2001년 12월 31일

정가 15,000원
ISBN 979-11-94185-09-3(03800)

* 잘못된 책은 구입처에서 바꿔드립니다.